Lotte Ingrisch

DER ENGEL DES ALTERS

Lotte Ingrisch

DER ENGEL
DES ALTERS

oder

Methusalem im Wunderland

EDITION S

Auf den Seiten 7, 8, 19, 20, 21, 22, 25, 26, 139 und 140 bezieht sich die Autorin z. T. wörtlich auf Lewis Carrols „Alice im Wunderland", erschienen in der bezaubernden Übersetzung von Kurt Schrey im Verlag Friedrich Middelhauve, Opladen 1958.

Edition S
Verlag der Österreichischen Staatsdruckerei
1. Auflage 1993
© by Österreichische Staatsdruckerei, Wien
Umschlagentwurf: Atelier Schiefer, Wien
Satz: PWS-Fotosatz GmbH, Fohnsdorf
Druck: Österreichische Staatsdruckerei, Wien
ISBN 3-7046-0378-3

Inhalt

Der Rutsch in die Kaninchenhöhle

Methusalem wurde es allmählich leid, so neben der Familie im Garten zu sitzen. Er wußte nicht, was er tun sollte. Ein paarmal hatte er in das Buch geschaut, in dem sein Enkel las; aber da waren weder Bilder noch Gespräche drin. Leider! „Und was für einen Zweck hat ein Buch ohne Bilder und Gespräche?", fragte sich Methusalem.

So überlegte er in seinem Sinn (so gut er konnte, denn der heiße Tag machte ihn schläfrig und dumm), ob es wohl der Mühe wert wäre, aufzustehen und Gänseblümchen zu pflücken – Methusalem liebte Gänseblümchen – da rannte plötzlich ein weißes Kaninchen mit rosaroten Augen dicht an ihm vorbei.

Das war nun nichts *besonders* Merkwürdiges, aber es erschien Methusalem auch nicht *besonders* ungewöhnlich, daß er das Kaninchen sprechen hörte. Es sprach vor sich hin: „O je! O je! Bei meinen Löffeln ... Ich komme zu spät!" (Als Methusalem später darüber nachdachte, wurde ihm allerdings klar, daß er sich darüber hätte wundern müssen, aber damals kam ihm das alles ganz natürlich vor.) Wie aber das Kaninchen nun gar eine goldene Uhr aus der Westentasche zog und darauf sah und dann weitereilte, rappelte Methusalem sich auf die Füße, denn mit einem Mal fuhr es ihm durch den Sinn, daß er noch nie ein Kaninchen mit einer Westentasche gesehen hatte oder auch mit einer Uhr. Wenn Kaninchen wissen wollten, wie spät es ist, sahen sie

7

auf die Sonne! Brennend vor Neugier, stolperte er hinter dem Kaninchen über die Wiese und kam zum Glück gerade noch früh genug, um zu sehen, wie es unter der Hecke in eine große Kaninchenhöhle hineinhuschte. Weg war es!

Im nächsten Augenblick zwängte Methusalem sich hinter ihm her in das Loch, ohne sich auch nur zu fragen, wie er überhaupt wieder da herauskommen sollte.

Die arme Familie

„Wo", fragte der Enkel und ließ sein Buch über die Vergiftung der Erde (er studierte nämlich an der Hochschule für Bodenkultur) sinken, „ist Großvater geblieben?"

Die ganze Familie, bestehend aus Methusalems Frau, Sohn, Schwiegertochter und Enkel, blickte sich beunruhigt um. „Ich schaue im Haus nach", sagte der Sohn.

Eine Stunde später suchte die Familie jeden Fleck des Gartens ab, und zwei Stunden später die ganze Gegend rundum. Als sie Methusalem nach drei oder dreißig Stunden auf irgendeinem Polizeikommissariat fanden, brach seine Frau in Tränen aus. Die Männer, Sohn und Enkel, blieben betreten und steif. Die Schwiegertochter weinte weder, noch war sie betreten.

Man hatte Methusalem aufgegriffen, als er nicht mehr so genau wußte, wohin er gehörte, und wer er war.

Methusalem war sichtlich froh, daß man ihn holte! Gehorsam ging er mit seiner Familie, die Kaninchenhöhle vergessend oder verleugnend, nach Hause.

Im seit fünfzig Jahren plus oder minus bestehenden ehelichen Schlafzimmer allerdings kam es zu einem Eklat. Denn als die Tränen der Großmutter und Gattin versiegt waren, stieg ein verständlicher Groll in ihr auf.

„Du Trottel", sagte sie, „wie konntest du mir, deiner Frau, so etwas antun?"

„Meiner Frau?" Methusalem schien verwirrt zu sein. „Wer ist meine Frau?" „Ich", sagte diejenige, die es war, haßerfüllt. „Das glaube ich nicht." Methusalem wurde sehr nachdenklich. „Kannst du es beweisen?" O ja, sie konnte. Und konnte es nicht. „Mir kommst du", sagte Methusalem, „ganz fremd vor."

Als er endlich schlief, versammelte die Familie sich in der Küche. Oder im Salon, das spielt keine Rolle. „Also hier", sagte die Schwiegertochter, „kann er nicht bleiben. Das kann niemand von mir erwarten..." „Er braucht ärztliche Hilfe", sagte der Sohn. „Betreuung!" „Rund um die Uhr", ergänzte der Enkel. „Ein Fall für Fachleute!"

Hilfe, Herr Doktor!

Der Hausarzt mit der langen Nase kam am nächsten Tag. Er hatte sie alle schon seit mindestens fünfundzwanzig Jahren behandelt. „Also", fragte er, „wo fehlt es denn diesmal?"

Der Großvater wollte mitkommen, als man im Wohnzimmer Platz nahm, der Doktor war fast ein Freund. Doch wurde er von der restlichen Familie resolut in sein Bett gescheucht. Warum eigentlich, er war doch nicht krank? Er dachte, weil ihm langweilig war, an die Kaninchenhöhle. Sie verlief zunächst eine Strecke weit geradeaus wie ein Tunell, dann senkte sie sich plötzlich in die Tiefe, und zwar so plötzlich, daß der Großvater gar keine Zeit hatte, sich festzuhalten, denn im nächsten Augenblick spürte er schon, daß er in einen sehr tiefen Schacht hinabfiel.

„Verkalkung", sagte der Hausarzt, als die Familie mit dem Erzählen fertig war. „Das ist eine ganz normale Verkalkung. Kaum ein Methusalem bleibt davon verschont." Er zückte seinen Block und schrieb ein Rezept aus. „Davon geben Sie ihm morgens, mittags und abends eine Tablette", sagte er zur Großmutter. „Oder vielleicht ist es besser, wenn Sie nämlich vergessen..." Und er reichte das Rezept, statt der Frau des Großvaters, ihrer Schwiegertochter. „Wieso?", sagte die Großmutter pikiert. „Schließlich bin *ich* nicht verkalkt!" Und sie riß ihrer Schwiegertochter das Rezept aus der Hand. „Aber bitte!", sagte die Schwiegertochter. „Als

11

ob ich mich darum reiß! Ich hab den Beruf und den Haushalt und dann noch Euch." „Es ist *unser* Haus", sagte die Großmutter eisig, „und wir sind noch nicht tot. Du kannst von Herzen gern gehen!"

Dann sagte eine Minute lang gar niemand was. Bis endlich der Vater den Hausarzt halb verlegen und halb vorwurfsvoll ansah. „Da sehen Sie selbst, wohin sowas führt. Der Großvater will bestimmt nicht, daß seinetwegen die Familie zerfällt. Wollen Sie ihn nicht lieber in ein Spital einweisen, und später dann …" „Nein", sagte der Hausarzt. „Alter ist keine Krankheit. Und wenn es eine ist, werden wir alle befallen von ihr. Oder wollen Sie, daß Ihr Sohn eines Tages …!" Der Vater unterbrach ihn mit rotem Kopf. „Also gut! Wenn Sie glauben, daß die Tabletten helfen …" „Ich geh noch hinein zum Großvater", sagte der Hausarzt.

Der Enkel dachte an die rothaarige Studentin, die im Hörsaal direkt vor ihm saß, und sagte überhaupt nichts.

Der Doktor vor der Kaninchenhöhle

Entweder war der Schacht wirklich sehr tief, oder Methusalem fiel sehr langsam; denn während er hinabglitt, hatte er sehr viel Zeit, umherzuschauen und sich zu fragen, was nun geschehen würde. Er betrachtete die Seiten des Schachtes und bemerkte dabei ein Nachtkästchen, einen blauen Stuhl und den alten Kleiderschrank, auf dem seine weiße Mütze lag, die mit dem grünen Schirm. Er würde sie, da in der Kaninchenhöhle keine Sonne schien und er dic Mütze nicht mehr brauchte, dem freundlichen Herrn mit der langen Nase schenken, der sich gerade zu ihm hinunterbeugte. „Beugen Sie sich nicht zu tief", warnte Methusalem ihn, „sonst fallen Sie auch ins Kaninchenloch!"

„Macht nichts", sagte der Herr mit der langen Nase. „Dann haben Sie gleich Gesellschaft!" „Fein", sagte Methusalem, dem dies sofort einleuchtete. „Hoffentlich macht es Ihnen nichts aus, wenn wir ganz durch die Erde *hindurch* fallen?" „Nicht das geringste!", erklärte Methusalems neuer Bekannter, griff sich an die Nase, und schwups, war er direkt neben ihm.

„Ich heiße", sagte Methusalem, der sein Lebtag auf Höflichkeit bedacht war ... Und dann fiel ihm, obwohl er seinen Namen wirklich auf der Zunge hatte, nicht ein, wie er hieß. „Möchten Sie sich nicht vorstellen?", fragte er, um Zeit zu gewinnen, den anderen. „Gerade in einem Kaninchenloch ist es sehr wichtig, auf Formen zu achten." „Ich bin

Doktor Nase", sagte der andere, „und praktischer Arzt."

Während sie zusammen tiefer und immer tiefer fielen, dachte Methusalem darüber nach. „Schade, daß Sie nur praktischer Arzt sind", sagte er schließlich. „Einen unpraktischen Arzt würde ich von Zeit zu Zeit gern konsultieren." „Ich kann", erklärte der Doktor, „auch sehr unpraktisch sein."

„Ich bin überzeugt, daß meine Katze Sabinettchen mich heute abend vermissen wird", seufzte Methusalem. „Zweifellos", sagte der Doktor. „Obwohl Sabinettchen, wenn ich mich nicht irre, vor vier Jahren starb." „Vor dreieinhalb Jahren", korrigierte ihn Methusalem. „Hoffentlich vergißt meine Frau nicht, ihr Milch ins Schälchen zu tun, und auch ein wenig Leber." „Ah, Sie sind verheiratet?" „Das war eine dumme Frage", sagte Methusalem traurig. „Erinnern Sie sich nicht? Sie haben Sie erst zu Ostern von ihrem Furunkel geheilt."

„Richtig!", sagte der Doktor. „Ich werde wirklich vergeßlich. Hab ich Sie auch behandelt?" „Seit einem Vierteljahrhundert", strahlte Methusalem, „jetzt fällt es mir wieder ein. Was für ein Zufall, Sie in der Kaninchenhöhle zu treffen!" „So einen Zufall muß man ausnützen", erklärte der Doktor. „Ich werde Ihnen, während wir durch die Erde hindurch fallen, den Blutdruck und noch einiges andere messen." „Gut", sagte Methusalem, „dann wird die Reise nicht langweilig sein."

14

Das Entsetzen fängt zu schleichen an

„Soweit", sagte der Hausarzt und trat aus der Kaninchenhöhle wieder in den Kreis der Familie, „ist alles in Ordnung. Bis, eben, auf die natürlichen Altersprozesse." „Was soll das heißen, natürlich?", ereiferte sich die Schwiegertochter. „Meine Tante ist nur ein Jahr jünger und kocht noch für ihre Kinder."

„Seit wann geht es schon so?", fragte der Arzt. „Erst seit gestern!", fauchte Methusalems Frau und funkelte den Doktor durch ihre dicke Brille bös an. „Sie müssen sich keine Vorwürfe machen", beruhigte er sie. „Viel hätte ich auch früher nicht daran ändern können. Und das Herz ist ja noch kräftig, der Blutdruck geradezu jugendlich." „Weil ich ihm alle Medikamente", trumpfte Großmutter auf, „die Sie ihm verschrieben haben, pünktlich gebe!" „Ja", seufzte der Doktor.

Methusalems Sohn meldete sich endlich und bekümmert zu Wort. „Seit einem oder zwei Jahren. Wir dachten uns zuerst nichts dabei. Es war sogar lustig." „Lustig?" „Nun ja, wenn er seine Brieftasche in den Kühlschrank legte und die Suppe, ohne es zu merken, mit der Gabel aß." „Oder die Pfeife im Suppentopf ausklopfte", sagte die Großmutter und begann unvermittelt zu weinen. Methusalems Sohn erinnerte sich an die garstige Szene, die sie seinem armen Vater damals gemacht hatte. Dabei konnte er, wie es nun schien, gar nichts dafür. „Natürlich hatte er auch Schwierigkeiten mit den Namen", sagte er und schaute geflissentlich an seiner Mutter vorbei. „Aber die hab sogar ich!" Dies wäre, würde der Doktor gleich sagen, etwas ganz anderes. Doch der Doktor sagte nichts. Eine dicke Fliege brummte durchs Zimmer und setzte sich mitten auf den Tisch. Mit einem Haß, der ihn selbst überraschte, schlug er sie tot.

Der Enkel versuchte, an etwas anderes zu denken. An die rothaarige Studentin zum Beispiel, und er beschloß, sie gleich morgen einzuladen. Er wußte nur noch nicht, wohin und wozu. Obwohl, wozu wußte er eigentlich schon. War es nicht schrecklich? Zu viel Kunstdünger vergiftete die Erde, und Blei. Vergiftete die Bäume. War es möglich, daß Zeit, zu viel Zeit, Menschen vergiftete? Wie seinen Großvater jetzt. Lieber Gott, dachte er, obwohl er nicht an ihn glaubte: Laß es nicht möglich sein! „Alzheimer?", fragte er laut und sah den Doktor hoffnungsvoll an. Der zuckte die Achseln. „Im Methusalem-Alter", sagte er, „ist es egal, wie wir es nennen. Verkalkung, Alzheimer ... Tatsache ist, daß er immer weniger in unserer, sondern in einer anderen Wirklichkeit lebt. Einer zunehmend anderen Wirklichkeit."

„Wie die Asseln oder Fledermäuse?" Die Schwiegertochter, eine studierte Biologin, erstarrte. Ihr Mann, der Steuerberater, warf ihr einen bösen Blick zu. „Ich habe deine Großmutter noch kennengelernt", sagte er. „Ja, und?" Die Biologin funkelte ihn an. „Sie spielte Ball mit ihrem falschen Gebiß!" „Um Himmels willen", sagte Methusalems Frau und fuhr mit der Zunge über ihre locker werdenden Zähne, „so hört endlich auf!" Energisch putzte sie die Tränen von der Brille. „Was, Herr Doktor, sollen wir tun?"

„Nichts", sagte der Arzt.

Die kleine Tür

Wohin war sein Freund Doktor Nase verschwunden? Methusalem fiel zwar noch immer, aber allein. Das fand er ärgerlich. Er fühlte, wie er vor lauter Langeweile einschlummerte, da fiel er plötzlich plumps, plumps! auf einen Haufen welker Blätter, und das Fallen hörte auf.

Methusalem hatte sich kein bißchen weh getan, und es dauerte gar nicht so lang wie sonst, bis er auf die Beine kam. Er blickte nach oben, aber über ihm war alles dunkel; vor ihm lag wieder ein langer Gang, und er sah auch das Weiße Kaninchen, es eilte den Gang hinunter. Keine Minute war zu verlieren: drum humpelte Methusalem flink wie ein Igel los und hörte gerade noch, wie das Kaninchen, um eine Ecke biegend, sagte: „O je! Bei meinem Backenbart, wie spät es schon wird!" Er war noch dicht hinter ihm, als er nun um die Ecke bog, aber da war das Kaninchen nicht mehr zu sehen: er fand sich in einer langen niedrigen Diele. Und obwohl er nirgendwo ein Licht sehen konnte, war es hell wie eine Vollmondnacht.

Rund herum waren Türen, aber alle zugeschlossen. Methusalem ging die eine Seite hinunter und die andere wieder herauf und versuchte es an jeder Tür; dann schritt er traurig mitten über die Diele und fragte sich, wie er wohl jemals wieder da herauskommen würde. Denn es könnte ja sein, daß es ihm auf die Dauer hier nicht gefiel.

Plötzlich stand er vor einem dreibeinigen Tischchen, das ganz aus festem Glas war; nichts lag darauf als nur ein winziger goldener Schlüssel. Er nahm ihn und kam an einen niedrigen Vorhang, den er zuerst nicht bemerkt hatte, und dahinter war eine kleine Tür. Er steckte das goldene Schlüsselchen ins Schloß, und siehe da! es paßte.

Methusalems Herz hüpfte. Er öffnete das Türchen und stellte fest, daß es in einen sehr kleinen Durchgang führte, der nicht viel größer war als ein Rattenloch. Er legte sich, was ihm gar nicht leicht fiel, auf die Knie, schaute in das Loch und erblickte dahinter den schönsten Garten, den je ein Mensch gesehen hat. Wie verlangte er aus dieser düsteren Diele hinauszukommen und zwischen jenen bunten Blumenbeeten und kühlen Springbrunnen umherzuwandeln! Aber was nützte es? Er konnte nicht einmal seinen Kopf durch die Türöffnung stecken.

„Oh, könnte ich mich doch zusammenschieben wie ein Fernrohr!", dachte er. „Ich könnte es auch gewiß, wenn ich nur wüßte, wie man den Anfang macht. Der Anfang ist immer am schwersten." Doch war in der letzten Zeit so vieles Ungewöhnliches geschehen, daß Methusalem sich mittlerweile an den Gedanken gewöhnt hatte, es gäbe nur sehr wenig Dinge, die wirklich ganz unmöglich sind.

Offenbar hatte es keinen Zweck, an der kleinen Tür noch länger zu warten. Aber darum gab Methusalem noch lange nicht auf! Er ging zu dem Tischchen zurück. Diesmal fand er darauf eine kleine Flasche, und um den Hals der Flasche hing ein Zettel, auf dem standen mit großen

Buchstaben schön gedruckt die Worte: „Trink mich!"

Selbst ohne dazu aufgefordert worden zu sein, hatte Methusalem im Lauf seines Lebens viele Flaschen leergetrunken, er wußte nicht mehr genau, waren es hundert gewesen oder tausend oder eine Million? Also setzte er auch diese Flasche an seine Lippen und trank sie aus. Wie Wein schmeckte, was in ihr war, eigentlich nicht. Auch nicht wie Schnaps. Eher wie eine Mischung aus Kirschtorte, Eierrahm, Gänsebraten, Weihnachtskarpfen und heißem Buttertoast. Methusalem leckte sich die Lippen.

„Was für ein seltsames Gefühl!" sagte er. „Ich spüre es ganz deutlich, daß ich mich zusammenschiebe wie ein Fernrohr."

Und so war es tatsächlich. Sein Gesicht strahlte bei dem Gedanken, er hätte nun die richtige Größe, um durch das Türchen in den wunderschönen Garten zu gelangen. Hoffentlich schrumpfte er nicht noch weiter! Sonst ging er womöglich ganz aus wie eine Kerze, und wie mochte er dann wohl aussehen?

Er versuchte sich vorzustellen, wie eine Kerzenflamme aussieht, nachdem sie ausgeblasen ist; denn er konnte sich nicht entsinnen, so was je gesehen zu haben.

Es stellte sich aber heraus, daß weiter nichts mehr geschah. Erleichtert wollte er geradewegs in den Garten gehen; aber – armer Methusalem! – als er an die Tür kam, fiel ihm ein, daß er das goldene Schlüsselchen vergessen hatte, und als er wieder an den gläsernen Tisch trat, um es zu holen, da merkte er, daß er nicht hinauflangen konnte. Durch das Glas sah er es deutlich oben liegen. Er versuchte an allen vier Tischbeinen hinaufzuklettern, aber es war zu glatt; und als er ganz müde vom Klettern war, setzte er sich auf den Boden und fing an zu weinen.

Der Spezialist

„Ich halte das nicht länger aus!", sagte Methusalems Frau zu ihrem Sohn. „Seit drei Tagen sitzt dein Vater im Bett und flennt. Und außer der Flasche mit dem Eierlikör hat er nichts von dem, was ich ihm hinstellte, auch nur angerührt. Dazu jammerte er fortwährend, er wäre zu klein für den Garten geworden. Ja, wenn er ihn noch mähen müßte, wie früher! Verstehst du, was er meint?"

Der Sohn verstand es auch nicht und rief Doktor Nase an. „Sie müssen sich damit vertraut machen, daß er sich jetzt immer weiter von Ihnen entfernt", sagte der Arzt. „Und wenn er lauter Unsinn redet? Zu klein für den Garten geworden!" „Es hat keinen Sinn, ihm zu widersprechen", sagte der Arzt. „Sie können ihn nicht mehr verstehen."

„Ein Trottel!", sagte der Sohn, nachdem er den Hörer auf die Gabel gelegt hatte. „Wieso wir ihn? Er versteht uns nicht, weil er nicht mehr richtig im Kopf ist, das ist das Problem."

Nun kam auch der Enkel mit seiner Mutter, die Biologie am Gymnasium unterrichtet, von einem Spaziergang nach Hause. Mit düsteren Mienen hörten sie sich, was es zu erzählen gab, an. „Ich glaube nicht, daß Doktor Nase der rechte Arzt für so einen Fall ist", überlegte der Student der Bodenkultur. „Gibt es für so etwas nicht Spezialisten?" „Aber nicht auf Krankenkassa!", zischte seine Mama.

Ihr Mann beachtete sie nicht. Er schlug das Telefonbuch auf und suchte so lang, bis er einen Spezialisten in der Nähe ihres Hauses fand. „Er ist Professor", sagte er ehrfürchtig und wählte eine Nummer.

Der Spezialist kam, schaute den Großvater an und verschrieb ein neues Rezept mit einer imponierend langen Liste von Medikamenten. „No also", sagte der Vater, nachdem er seufzend in seine Brieftasche gegriffen und den Spezialisten zur Tür geleitet hatte. „Irgendwie hab ich ein gutes Gefühl." „Wir werden ja sehen", sagte die Biologin. Die Großmutter ging stumm in die Küche, um einen Kuchen für Methusalem aus dem Rohr zu nehmen, und der Enkel wurde mit dem Rezept in die Apotheke geschickt.

Begegnung im Tränenteich

Als Methusalem zu müde wurde, um weiterzuweinen, hörte er auf. Kurz darauf fiel sein Blick auf ein Glaskästchen, das unter dem Tisch lag: er machte es auf und fand darin einen sehr kleinen Kuchen, auf dem standen in schönen Buchstaben aus Korinthen die Worte: „Iß mich". „Ja, den esse ich", sagte Methusalem. Er fühlte sich plötzlich sehr hungrig. „Und wenn er mich größer macht", dachte er, „kann ich an das Schlüsselchen reichen; macht er mich aber noch kleiner, dann kann ich unter der Tür durchkriechen; auf jeden Fall komme ich also in den Garten; und ob das nun so oder so geschieht, das soll mir gleich sein!"

Er aß einen kleinen Bissen. Doch nichts geschah. Methusalem war ganz verwundert, daß seine Größe sich so gar nicht veränderte: natürlich ist das immer der Fall, wenn man Kuchen ißt, aber Methusalem war jetzt so sehr darauf eingestellt, Ungewöhnliches zu erleben, daß es ihm ganz langweilig und dumm vorkam, wenn das Leben in der sonst gewohnten Weise verlief.

Enttäuscht kroch er aus dem Bett und aß den Kuchen ganz schnell auf. „Merkwürdig, immer merkwürdiger!" schrie Methusalem. (Er war derart überrascht, daß er im Augenblick gar nicht richtig sprechen konnte.) „Jetzt geh ich auseinander wie das längste Fernrohr, das es je gegeben hat. Lebt wohl, ihr Füße!" Denn wie zwei Eisenbahnen führen sie von ihm fort. „Oh, ihr armen Füße, wer wird euch nun Schuhe und Strümpfe anziehen? Denn ich kann es ganz sicher nicht mehr! Ich werde viel zu weit entfernt sein, um mich mit euch abzugeben: ihr müßt nun sehen, wie ihr fertig werdet." Und traurig winkte er ihnen nach.

Im gleichen Augenblick stieß sein Kopf an die Decke. Sofort nahm er das goldene Schlüsselchen vom Tisch und eilte an die Gartentür.

Armer Methusalem! Er konnte nichts weiter tun, als sich auf die Seite legen und mit einem Auge in den Garten lugen; dorthin zu kommen aber war noch unmöglicher als je zuvor. Betrübt setzte er sich auf den Boden und fing wieder zu weinen an.

„Du solltest dich wirklich schämen", sagte Methusalem zu sich selbst. „Ein so alter Mann, wie du bist" (das konnte er wohl mit Recht sagen). „Sofort hörst du auf, verstanden?" Aber trotzdem weinte er weiter und vergoß Tränen literweise, bis sich um ihn herum ein großer Teich gebildet hatte. Bald stand er bis zum Kinn im sal-zigen Wasser, und oh! dachte er. Ich kann nicht mehr schwimmen, ich würde glatt untergehen, hat Doktor Nase gesagt. „Ich wollte, ich hätte nicht so viel geweint", sagte er. „Die Strafe wird jetzt wohl sein, daß ich in meinen eigenen Tränen ertrinken muß. Wahrlich, eine wunderliche Geschichte! Aber heute ist ja alles wunderlich!"

Im selben Augenblick sah er in einiger Entfernung ein weißes Papierschiffchen auf sich zukommen. „Zu Hilfe!" rief er, so laut er nur konnte. „Ich bin in Seenot geraten!"

Das Papierschiffchen steuerte direkt auf ihn zu,

und er erkannte, daß ein kleines Mädchen mit langen offenen Locken am Ruder saß. Es war das allerliebste Mädchen, das er jemals gesehen hatte. „Wer bist du?", fragte er und stotterte ein bißchen vor Freude.

„Es wundert mich wirklich, daß du mich vergessen hast", sagte das Mädchen. „Komm, steig in mein Boot!" Er tat es, und sie half ihm ein wenig dabei. „Also irgendwie bekannt kommst du mir vor", sagte Methusalem. „Laß mich nachdenken!" Er dachte so lange nach, daß ihm ganz schwindelig wurde, denn daran war er nicht mehr gewöhnt. „Annette?", fragte er zögernd. „Oder Amalia?" Das kleine Mädchen schüttelte so heftig den Kopf, daß die goldenen Pünktchen aus seinen blauen Augen flogen und das Boot nun wie Sterne umkreisten, obwohl es hellichter Tag war.

„Erinnerst du dich wirklich nicht an mich?" „Manchmal erinnere ich mich nicht einmal an mich selbst", sagte Methusalem. „Aber es macht nichts, denn so kann ich immer jemand anderer sein." „Möchtest du das?" Methusalem nickte betrübt. „Ich bin Alice", sagte das Mädchen.

Alice ... Alice ... Woher kannte er nur den Namen? Er sah sich plötzlich als kleinen Buben im Matrosengewand. Da war ein helles Zimmer mit einer Eichhörnchentapete, in dem er spielte. Ein roter Ball lag auf dem Boden. Und daneben ein Buch. Das Mädchen auf dem Buchdeckel sah genauso aus wie das Mädchen im Boot. „Kannst du den Titel lesen?", fragte das Mädchen im Boot. „Nein", sagte Methusalem beschämt. „Ich bin schon zu alt. Früher allerdings konnte ich gut lesen. Sogar Lateinisch! Auch schreiben. Ich hatte eine zierliche Schrift, wie gestochen. Nein, was man alles im Lauf seines Lebens verlernt!" „Macht nichts", sagte das Mädchen, aber nicht das im Boot. Also konnten auch Mädchen auf einem Buchdeckel sprechen, wirklich sehr merkwürdig. „Ich werde dir", fuhr es fort, „meinen Titel selbst vorlesen, er ist ziemlich hübsch." Und, nach einer eindrucksvollen Pause: „ALICE IM WUNDERLAND".

„Alice – wo?", fragte Methusalem und hielt die Hand hinter sein rechtes Ohr. „Du mußt schon entschuldigen, aber leider werde ich taub. Das ist sehr unangenehm, weil ich die Grillen nicht mehr zirpen höre, und die Vögel werden auch langsam stumm. Sogar die Straßenbahnklingeln und die Hupen der Autos ... Obwohl das manchmal eher angenehm ist."

„Im Wunderland", wiederholte Alice freundlich. „Soso", brummelte Methusalem. „Seinerzeit, als ich noch jünger war, bin ich furchtbar gerne verreist. Ich war schon in Italien, England und Frankreich. Sogar Ägypten! Aber im Wunderland war ich noch nie. Sie bieten es auch nicht in den Reisebüros an." „Natürlich nicht", sagte Alice. „Ins Wunderland kommt man ohne Büro, ohne Fahrkarte und ohne Paß." „Auch ohne Devisen?", fragte Methusalem und war richtig stolz, daß ihm das eingefallen war. „Im Wunderland", sagte Alice. „gilt eine andere Währung, von der die Banken nichts wissen." „Wo wechselt man dann?", fragte

Methusalem, heute hatte er aber wirklich einen guten Tag. „Du wirst es selbst merken", sagte Alice. „Man bezahlt nicht mit gewöhnlichem Geld."

Methusalem konnte nicht mehr ganz folgen. Sein kurzer Höhenflug ging, wie er enttäuscht feststellen mußte, schon wieder zu Ende. „Ja, und wo soll dieses Wunderland sein?" fragte er darum gereizt. „Du bist schon drin", sagte Alice.

Das immer seltenere Aufleuchten
der Welt

Methusalem sah seine Familie nicht mehr so oft. Sie war zwar noch da und wurde sogar zunehmend lästiger – aber gleichzeitig wich sie, wie das Meer bei Ebbe, immer weiter von ihm zurück. Oder vielleicht wuchs nur der Tränenteich, alles wächst schließlich, Kinder, Bäume, die Milchstraße. Und je größer der Tränenteich wurde, umso weiter entfernten sich seine Ufer. Es kam zwar noch manchmal vor, daß Methusalem vage Gestalten an diesem oder jenem Ufer wahrnahm, die winkten und ihm aufgeregt etwas zuriefen. Doch ergaben ihre Worte eigentlich keinen Sinn. Was, bitteschön, sollte er schlucken? Medizin? Was war das nun wieder? Er hatte dieses Wort bestimmt nie zuvor gehört und konnte sich nichts darunter vorstellen. Und wie konnte er sein Bett naß gemacht haben, wenn er doch mit der wunderschönen kleinen Alice im weißen Papierschiffchen saß? Die Leute am Ufer mußten verrückt geworden sein, alle.

Wir traurig, dachte er voll Mitgefühl und besprach es mit Alice. Auch das geheimnisvolle Verschwinden der Uferbewohner, die ihm trotzdem ins Ohr zu brüllen vermochten, daß sie seine Frau wären oder seine Kinder oder gar Enkel. Was hatte das zu bedeuten? Denn obwohl sie ihm einerseits bekannt vorkamen, waren sie ihm andererseits völlig fremd.

„Paß auf", sagte Alice, „ich werde es dir erklären.

Du hast nämlich eine Taschenlampe in deinem Kopf." „O, wirklich?", entgegnete Methusalem überrascht. „Davon habe ich bis jetzt gar nichts gemerkt." „Natürlich nicht!" Und Alice lächelte. Wenn sie lächelte, wurde ihre Stupsnase ganz kraus, das gefiel Methusalem sehr. „Die Lampe im Kopf knipst sich selbst aus und an." „Dann ist sie eine Wunderlampe?", fragte Methusalem erstaunt. „So etwas ähnliches, ja", sagte Alice.

Methusalem versuchte, darüber nachzudenken. Aber es war wie mit dem Schwimmen oder Schnurspringen, er konnte es einfach nicht mehr. „Du mußt nicht nachdenken, um zu verstehen", sagte Alice. „Wenn du nachdenkst, verstehst du es eher nicht. Dabei ist es wirklich ganz einfach. Nicht, weil die Sonne scheint, leuchtet die Welt. Sie leuchtet, weil du das Licht deiner Lampe auf sie richtest. Wenn du vergißt, das zu tun, bleibt deine Welt finster."

Nachdem Methusalem sich ausgiebig den Kopf gekratzt hatte, nickte er mit demselben. „Du meinst, von Natur aus ist immer Nacht?" „Immer", bestätigte Alice. „Aber wieso kann ich den Tränenteich sehen, das weiße Papierschiffchen und dich?" „Das ist eine Frage der Richtung", sagte Alice. „Wir sind ein bißchen weiter links." „Links von was?" „Von deiner Vergangenheit. Von der Welt, die du kennst. Obwohl du schon anfängst, sie zu vergessen." „Ich vergesse", fragte Methusalem ängstlich, „die Welt?" „Nur eine", beruhigte ihn Alice. „Eine von vielen!"

„Was! Es gibt auch noch andere?" „Aber massen-

haft", sagte Alice. „Du mußt sie nur anleuchten."
„Mit der Lampe in meinem Kopf?" „Siehst du? Es
ist gar nicht schwer, das zu verstehen." „Aber wenn
sich die Lampe nicht anknipst?" „Ja, dann kannst
du überhaupt keine Welt sehen, dann bleiben sie
alle unsichtbar."

Ein weißes Nilpferd flog über den Tränenteich
und kicherte dumm. „Lacht es mich aus?", fragte
Methusalem und war etwas beleidigt. „Ich bin
nicht neugierig auf weiße Nilpferde, die mich auslachen." Während er das sagte, verschwand das
Nilpferd am Himmel, als wäre es nie über den
Teich geflogen. „Jetzt hast du", sagte Alice, „deine
Lampe kurz ausgeknipst." „Wieso ich? Das tut sie,
hast du gesagt, selbst!" „Nun ja." Alice wurde vor
Verlegenheit ein bißchen rot. „Es ist schließlich
keine fremde Lampe." „Du meinst, daß ich sie
kenne?" „Ich meine, die Lampe ist ein Teil von dir
selbst. Wie deine Hand oder dein Fuß. Überlegst
du, wie dein Fuß sich bewegen soll oder deine
Hand?" „Nicht, daß ich wüßte", sagte Methusalem.
„Eben! Und mit der Lampe ist es ganz ähnlich.
Natürlich muß sie, wie alle Teile von dir, mit Energie versorgt werden. Es ist sogar eine ganz spezielle
Energie, die deine Lampe braucht, um zu funktio-
nieren." „So, was denn für eine?" „Du kennst sie
unter einem komischen Namen", sagte Alice:
„Neugier!"

Es war also doch ein guter, ein sehr guter Tag.
Denn ohne nachzudenken – weil ihm das schwer
fiel – verstand Methusalem, daß nur seine Neugier
ihn mit einer oder allen Welten verband. Hörte er

auf, neugierig zu sein, würde eine nach der anderen erlöschen. Lauter ausgeblasene Kerzen. „Aber ich erinnere mich, daß ich schon alt bin", sagte er traurig. „Gehen, wenn man alt ist, nicht alle Kerzen aus?"

„Wenn du in einer Welt alt wirst", sagte Alice, „wirst du in einer anderen jung. Das ist die Traumphysik, von der die Professoren, weil sie dumm sind, noch nichts verstehen. Es gibt so etwas wie eine Tauschzentrale der Welten." „Du meinst, man kann die Welten wechseln wie Geld?" Alice lachte. Es klang wie ein Wasserfall, der von Himmel ins Erdfeuer fiel und wieder zurück, so als gäbe es kein Oben und Unten. „Wechsle ich", fragte Methusalem, „gerade die Welt?"

„Ja", sagte Alice. „Und hab keine Angst!"

Die Verlobung der Pappel

Eine Pappel kam Hand in Hand mit dem weißen Kaninchen leichtfüßig über den Teich. „O bitte", sagte Methusalem höflich, „wollen Sie nicht Platz nehmen in unserem Boot?" „Auf gar keinen Fall!", erklärte die Pappel. „Ich möchte mich nicht schon wieder festlegen. Ich habe nicht auf die Uhr geschaut, deshalb weiß ich nicht, wie lange ich in einer Reihe neben dieser gräßlichen Landstraße stand. Mir kam es jedenfalls wie eine Million Jahre vor, das können Sie mir glauben, mein Herr!"

Eigentlich, dachte Methusalem, müßte ich mich jetzt vorstellen. Die Pappel ist immerhin eine Dame! Er stand auf und verbeugte sich, wobei er das Papierschiffchen um ein Haar zum Kentern gebracht hätte. „Gestatten, Methusalem!", sagte er und plumpste erschrocken zurück auf seinen Sitz, über den eine große graue Welle schwappte. „Obwohl das nur mein Spitzname ist. Ich weiß nicht mehr, was er bedeutet. In Wirklichkeit heiße ich ..." Er zupfte an seinem weißen Bart, aber es fiel ihm nicht ein, wie er in Wirklichkeit hieß. „Das ist auch ganz uninteressant", sagte die Pappel. „Spannagel, Novak oder Besenstiel – das sind doch nur Buchstaben, die Habtacht stehen wie beim Militär und sich nicht rühren. Alles, was sich nicht bewegt, ist langweilig. Ich muß es wissen, schließlich kam ich selbst nicht vom Fleck. Und hätte das Weiße Kaninchen mich nicht zufällig zu einem Spaziergang auf dem Teich eingeladen ..." „Aber das war kein Zufall!", unterbrach sie das Weiße Kaninchen galant. „Ich bewundere Sie schon seit zwei Wochen." Es zog seine Uhr aus der Westentasche und prüfte sie mit großem Ernst. „Zwei Wochen und dreizehn Minuten", korrigierte es sich.

„Was hältst du davon?", fragte Methusalem, dem sich alles im Kopf drehte, flüsternd Alice. „Nichts!", flüsterte sie zurück. „Ich habe das Weiße Kaninchen erst kürzlich mit zwei Sonnenblumen, denen er auch die Köpfe verdrehte, im Tanzcafé getroffen. Und ich sage dir, es ist ein Filou." „Ich bin baff", sagte Methusalem und war es wirklich. „Dabei sieht es so ehrbar aus!" „Oh", belehrte ihn Alice, „das Aussehen täuscht oft. Nimm, zum Beispiel, dich selbst. Jeder hält dich für einen Greis, habe ich recht?" „Ich bin ein Greis", sagte Methusalem und ließ noch eine Träne in den Teich fallen. „Ein Greis", wiederholte er, „und ich weiß selbst nicht, wie das passiert ist."

Alice zog ihr Näschen kraus, griff in die Tasche ihres rosa Batistkleidchens und zog einen silbernen Spiegel hervor. „Da", sagte sie und hielt Methusalem den Spiegel vor das Gesicht. „Schau dich an!"

Es war nicht zu fassen! In dem Spiegel wallte und wogte es wie in einem Teekessel. Und inmitten des silbernen Gebrodels erblickte Methusalem einen lachenden Buben im blauen Matrosengewand, der ihm erschreckend vertraut war. Lieber Gott! War er das am Ende gar selbst? Aber wer mochte dann der triefäugige Alte mit dem weißen

Bart sein, der ihm zu seinem Ärger so oft im Spiegel erschien? Ein zudringlicher Fremder, der ihn belästigte? Wahrscheinlich. Alice würde ihm bestimmt sagen können, wie er ihn wieder los wurde.

Alice ... Alice? Alice!

Alice war, das ging nicht mit rechten Dingen zu, einfach verschwunden. Wenn sie bloß nicht im Tränenteich ertrank! Methusalem konnte sie unmöglich retten, er hatte leider vergessen, wie man schwamm. War das eine Welle oder eine kastanienbraune Locke, die im Tränenteich trieb? In Panik rief er das Bild im Spiegel zu Hilfe. Aber was sollte das wieder bedeuten? Da war weder ein Bild, noch ein Spiegel. Nur die Pappel und das Weiße Kaninchen standen herum und hielten Maulaffen feil.

„Heda", rief Methusalem zornig. „Ein Mädchen ist ins Wasser gefallen, kümmert euch gefälligst darum!" „Was für ein Mädchen?", fragte die Pappel scheinheilig. „Ich sehe keins, und ich habe auch keines gesehen." „Ich glaube, er meint Alice", sagte das Weiße Kaninchen. „Alice im Wunderland, ich bin ihr selbst in dem Buch begegnet, das er als kleiner Bub las."

Auf einmal erinnerte Methusalem sich daran. „Wo ist die blaue Raupe geblieben?", fragte er. „Der Hutmacher, die Königin?" „Dort, wo du selbst geblieben bist", sagte die Pappel. Sie sagte es ein bißchen höhnisch, und Methusalem merkte, daß er schon wieder zu weinen begann.

„Ist es spät?", fragte er das Weiße Kaninchen.

Das Weiße Kaninchen zog zuvorkommend seine Uhr aus der Westentasche und nickte bekümmert. „Viel zu spät, viel zu früh", murmelte er, als wäre beides dasselbe. Was es vielleicht sogar war. „Dann ist es", erklärte die Pappel und hängte sich energisch beim Weißen Kaninchen ein, „höchste Zeit für die Hochzeit!" Und, mit einem herablassenden Blick auf Methusalem: „Sie können uns gratulieren, wir haben uns soeben verlobt."

Verblüfft schaute Methusalem ihnen nach, wie sie Arm in Arm davonflogen. Und obwohl ihm die Heirat einer Pappel mit einem Kaninchen äußerst unpassend erschien, rief er höflich hinter ihnen her: „Happy birthday!"

Und dann war er ganz allein.

Monsieur Madame

Ganz allein zu sein, ist immer traurig. Besonders, wenn man gerade nicht allein sein will. Methusalem wünschte sich von ganzem Herzen Gesellschaft, denn ihm war ziemlich bang.

Im weißen Papierschiffchen auf dem Tränenteich fühlte er sich ohne Alice einfach verloren. Noch dazu, als er feststellen mußte, daß er in gar keinem weißen Papierschiffchen saß. Sondern in seinem eigenen Bett, das zwar auch weiß, aber bestimmt nicht seetüchtig war. Vielleicht war das Wasser im Tränenteich gesunken? Dann war es wenigstens nicht so gefährlich. Aber nein, ganz im Gegenteil! Das Wasser im Tränenteich stieg und stieg. Bald würde es die Zimmerdecke erreicht haben, und dann würde Methusalem von seinen eigenen Tränen plattgedrückt wie ein Pfannkuchen.

In seiner Not beschloß er, ab sofort nicht mehr zu weinen. Er versuchte, sich an lustige Episoden in seinem Leben zu erinnern. Da aber sein Gedächtnis nachließ, fiel ihm nicht eine einzige ein. Aus purer Verzweiflung faltete er seine Hände und betete, wie man ihn als Kind gelehrt hatte, zu seinem Schutzengel:

„Bitte, lieber Schutzengel mein,
Laß mich dir befohlen sein,
Sei hübsch artig und schön fromm,
Bis nach Haus ich wieder komm!"

Irgend etwas, so spürte er, stimmte nicht an dem

Gebet. Doch so sehr er sich auch den Kopf zerbrach, er fand nicht heraus, was. Da er seit seinem siebenten Lebensjahr sowieso nicht an Schutzengel – oder Engel überhaupt – glaubte, spielte es wohl keine Rolle. Er würde einfach weiterweinen und als Pfannkuchen enden. Irgendwie endete man immer, nicht wahr? Und er konnte sich weitaus Schlimmeres vorstellen als einen Pfannkuchen. Womöglich einen, der mit Nüssen und Schokolade gefüllt war!

Bei dieser Vorstellung knurrte sein Magen laut und vernehmlich. Wie sonderbar, daß man in der Nähe des Todes, statt Ehrfurcht, noch Hunger empfand! Bevor ich sterbe, dachte er, soll meine Frau mir geschwind noch ein paar Pfannkuchen machen! Es war weniger sein Herz als sein Magen, der ihn daran erinnerte, verheiratet zu sein. Er hatte zwar vergessen, wie seine Frau hieß. Irma? Grete? Sidonie? Egal, ein Name würde an der Qualität der Pfannkuchen nichts ändern. „Liebchen", schrie er aus Leibeskräften, „hallo, Schatz!"

Merkwürdig, sie kam nicht aus der Küche. Sie kam direkt aus dem Teich. Früher, als er noch Museen besuchte, hatte er die Bilder einer Schaumgeborenen, die direkt aus dem Meer stieg, sehr bewundert. Daher wurde er, als es in seinem Tränenteich zu gurgeln begann, in freudige Erwartung versetzt. Ferne Namen wie Venus und Aphrodite schwirrten durch seinen Kopf und vermischten sich angenehm mit Aprikosenmarmelade. Er wartete.

Was aber aus seinen Tränen auftauchte, war

anders. Er suchte auf dem Nachttisch nach seiner Brille und fand sie nicht. Was er mit bloßem Auge erblickte, sah jedenfalls aus wie ein Vogel. Ein schwarzer Vogel mit gelbem Schnabel in einem Frack aus rotem Samt. Er erinnerte sich nicht daran, ihn geheiratet zu haben. Aber Methusalem erinnerte sich, um ehrlich zu sein, nur mehr an ganz wenig.

„Ich habe Appetit auf Pfannkuchen", sagte er schüchtern. Denn er traute dem Vogel nicht ganz. Hatte er seine Frau jemals mit Flügeln gesehen?

„Ich kann leider nicht kochen", sagte der Vogel und schüttelte die Tränen aus seinem Gefieder. „Sollen wir in ein Restaurant gehen?" Lieber nicht, dachte Methusalem, aber er sagte es nicht. Der Vogel schien ihn trotzdem zu verstehen. „Es ist vielleicht gemütlicher hier."

Gemütlich? Aber ganz und gar nicht. „Es ist nämlich so, daß ich mich nicht mehr mit mir selbst auskenne", sagte Methusalem kläglich. „Ich weiß nie genau, wer ich bin, und wo." „Aber das weiß niemand!", sagte der schwarze Vogel und lächelte. „Jedenfalls kein Mensch." Noch immer lächelnd, was bei seinem großen gelben Schnabel ein wenig sonderbar wirkte, nahm er seinen Hut vom Kopf. Es handelte sich um ein wahres Ungetüm von einem Hut, beladen mit Blumen, Früchten und sogar Dingen, die Methusalem ein Rätsel blieben. Daß man heutzutage noch so etwas trägt, dachte er, und es paßt überhaupt nicht zum Frack.

Der Vogel konnte tatsächlich Gedanken lesen. „Ich halte mich", sagte er, „nicht an die Mode. Ich trage einfach, was mir gefällt. Würden die anderen das auch tun, wären sie ohne Zweifel ein hübscher Anblick." Dazu konnte Methusalem nun wirklich nichts sagen. Er hatte immer angezogen, was zuerst seine Mutter und später dann seine Frau für ihn hinlegte, ohne darüber nachzudenken, ob es hübsch war oder nicht. „Wir werden später eine sehr farbige Krawatte aus dem Schrank holen", sagte der Vogel. „Das gibt Ihrem weißen Nachthemd gleich viel mehr Pfiff. Aber zuvor …" Und er hielt Methusalem seinen riesigen Hut unter die Nase. „Zuvor müssen Sie etwas essen, wenn es auch nicht direkt Pfannkuchen sind. Diese Kirschen da kann ich empfehlen, sie sind wirklich sehr süß. Und vielleicht noch ein Pfirsich und ein paar Nüsse, wenn es Ihre Zähne vertragen …?"

Mit einem wahren Heißhunger machte Methusalem sich über den Hut her. Er kostete von allem, nur nicht von den Nüssen, so etwas vertrugen seine Zähne wirklich nicht mehr. „Verbindlichsten Dank", sagte er. „Das war viel besser als Grießbrei und Spinat, die ich sonst immer kriege." Damit gab er den nahrhaften Hut zurück, und der Vogel setzte ihn wieder auf, wobei er einen sorgfältigen Blick in den Schrankspiegel warf.

Angenehm gesättigt, schlief Methusalem ein und träumte von einer Hexe, die zeterte, er hätte statt der Pfannkuchen ihren Hut aufgefressen. Oder vielleicht war es doch keine Hexe, denn sie weinte bitterlich und versuchte, was sehr unangenehm war, Methusalem zu küssen. Er war nur zu froh, als er endlich aufwachte und den schwarzen

Vogel an seinem Bett sitzen sah. „Wenn Sie vorhaben, länger zu bleiben", sagte er hoffnungsvoll, „sollten Sie mir vielleicht sagen, wer Sie sind?"

„Vielleicht sollte ich das", stimmte der Vogel zu und putzte sein schwarzes Gefieder. Den roten Frack hatte er einstweilen ausgezogen, möglicherweise war es in dem Zimmer zu warm. Methusalem konnte es nicht beurteilen, ihn fröstelte immer. „Für einen Menschen", sagte er nachdenklich, „sehen Sie etwas merkwürdig aus." „Ich bin auch kein Mensch", sagte der Vogel. „Ohne diesen Hut", überlegte Methusalem weiter, „und wenn Sie etwas mehr krächzen würden, könnte man Sie für einen Raben halten." „So, könnte man das? Zerbrechen Sie sich darüber nicht den Kopf! Nennen Sie mich einfach Monsieur . . ." „Monsieur wie?" „Monsieur Madame", sagte das Wesen mit dem Hut, das vielleicht ein Rabe war und vielleicht auch nicht.

„Monsieur Madame?" Methusalem riß beide Augen auf, das linke ein bißchen mehr als das rechte. „Das ist der seltsamste Name, den ich jemals gehört habe. Sind Sie so getauft?" „Ich bin nicht getauft", sagte Monsieur Madame.

Die Trockenlegung des Tränenteichs

Monsieur Madame erwies sich als äußerst angenehme Gesellschaft. Von nun an saß er Tag und Nacht an Methusalems Bett und erzählte unterhaltsame Geschichten, über die Methusalem lachte, obwohl er sie nie ganz verstand. Aber es tat so gut, Monsieur Madame zuzuhören, wenn er manchmal krächzte und manchmal sang oder beides auf einmal, was besonders delikat klang. Es erinnerte Methusalem an die Zeit, als er ein Kind war und noch nicht sprechen konnte. Ein paarmal glaubte er sogar, daß es seine eigene Stimme von damals war, die ihn aus der Vergangenheit besuchte. Irgendwie mußte sie im Schnabel von Monsieur Madame gereist sein wie in einer gelben Eisenbahn, und hier war sie angekommen und stieg aus.

Beim Zuhören schloß Methusalem meistens die Augen. Öffnete er sie aber doch, bemerkte er nicht nur das friedliche Wippen von Monsieur Madames Hut sondern auch das Sinken des Spiegels im Teich. Hatte er schon so lang nicht mehr geweint? Methusalem schaute, um das zu überprüfen, auf die Weckeruhr auf seinem Nachtkästchen. Doch hatte er leider die Sprache der Zeiger verlernt und konnte darum der Zeit auf dem Ziffernblatt nicht mehr folgen. „Ich weiß nicht, wieviel Uhr es ist", sagte er verstört zu Monsieur Madame.

„Na und?", sagte Monsieur Madame. „Das ist ein sehr großer Fortschritt. Die meisten Leute wissen genau, wieviel Uhr es ist, und zappeln in der Zeit wie die Fliegen im Netz." Methusalem dachte darüber nach, was er manchmal noch konnte. „Ist die Zeit eine Spinne?", fragte er. Monsieur Madame nickte, daß die Blumen und Früchte auf seinem Hut nur so wippten, eine Weintraube fiel sogar auf das Bett. „Wenn du ihr ins Netz gehst, frißt sie dich auf!" „Oh wie schrecklich", sagte Methusalem. „Danke, daß du mich darauf aufmerksam gemacht hast." Und er beschloß, die Zeit sofort aus seinem Kopf zu streichen, was ihm nicht schwer fiel. Er brachte sie ohnedies nur mehr durcheinander.

Das war das erste Mal, daß sie Du zueinander gesagt hatten, und ohne weitere Förmlichkeiten blieben sie auch dabei. Es war auch das erste Mal, daß Methusalem nicht mehr sicher war, welches der Vor- und welches der Zuname seines Freundes oder seiner Freundin war. „Als Mann", erklärte das Wesen mit dem Hut, das Gedanken lesen konnte, „heiße ich Monsieur Madame, und als Frau Madame Monsieur. Das ist doch einfach und wirklich ganz leicht zu merken!" Methusalem konnte dem nicht beipflichten. „Wann bist du", fragte er, „ein Mann – und wann eine Frau?" „Wann, wann!" Monsieur Madame oder Madame Monsieur wurde direkt ärgerlich. „Wolltest du nicht die blöde Zeit aus deinem Kopf streichen? Ich bin immer ein Mann, und ich bin immer eine Frau."

Methusalem wollte auch darüber nachdenken, aber er schaffte es nicht mehr. „Wie soll ich dich ansprechen?", quengelte er, „Monsieur Madame oder Madame Monsieur?" „Wie du Lust hast", sagte das geflügelte Wesen mit dem Hut. „Es stimmt, da ich doppelt bin, beides." „Du bist doppelt?" Methusalem war doch sehr erstaunt. Natürlich hatte er, wenn er zuviel Wein oder Erdbeerbowle oder gar Schnaps getrunken hatte, seine Freunde oder sogar seine Frau doppelt gesehen. Doppelt schon, aber gleich!

„Hör zu", sagte Monsieur und Madame schon ein bißchen ungeduldig, „alles ist doppelt, du auch!" Methusalem blieb vor Schreck der Mund offen stehen, und gleich darauf – er wollte sich im Moment nicht mit dem Problem auseinandersetzen – schnarchte er laut. Madame und Monsieur breiteten liebreich die schwarzen Flügel über ihn. Den Monsieur-Flügel und den Madame-Flügel, zusammen ein Paar.

Irgendwann wachte Methusalem auf und suchte den Nachttopf unter seinem Bett. Dabei stellte er fest, daß sie auf Grund gegangen waren. Sein Bett stand, wie früher, auf dem häßlichen olivegrünen Teppichboden, und vom großen Tränenteich war nicht die kleinste Lacke geblieben. „Vermißt du", fragte Monsieur und Madame, „deine Tränen?" „Ich weiß nicht", sagte Methusalem. „Ich konnte auf ihnen fortschwimmen." „Nur im Kreis", sagte Monsieur Madame. „Teiche, auch Tränenteiche, bieten sehr wenig Möglichkeiten. Das Hindernis sind die Ufer. Glaub mir, es ist viel besser, zu fliegen!"

„Wie die Pappel und das Weiße Kaninchen?" „Zum Beispiel", sagte Monsieur Madame. „Soweit ich gehört habe, verbringen sie ihre Flitterwochen

in Venedig." „Aber ein Baum und ein Tier!"
Methusalem stotterte vor Entrüstung, obwohl er
ihnen Happy Birthday gewunschen hatte, „wie
paßt das zusammen? Wenn du mich fragst, überhaupt nicht!" „Ich frage dich nicht", lächelte
Madame Monsieur. „Alles paßt mit allem zusammen, wenn du das Wesen der Liebe verstehst. Verstehst du es?" „Noch nicht", sagte Methusalem und
schämte sich. „Du wirst es verstehen", sagte
Madame Monsieur, „und zwar bald."

„Ein Baum und ein Tier", sagte Methusalem,
„sind so verschieden wie Tag und Nacht." „In der
Dämmerung deines Herzens", sagte Madame
Monsieur, „sind beide eins."

Das Telefongeheimnis

Die Sonne rollte als gelbes Wollknäuel über den Himmel. Ein Faden baumelte zum offenen Fenster herein. „Strickst du mir", bat Methusalem, „noch einen Tag?"

Monsieur Madame fing den Faden auf, zog einen Kneifer aus seinem Gefieder und fing zu stricken an. „Jeden Morgen willst du einen neuen Tag haben", murrte er. „Weißt du, wieviele Tage ich dir schon gestrickt habe?" „Nein", sagte Methusalem. „Ich kann, wie du weißt, nicht mehr zählen."

Monsieur Madame klapperte ärgerlich mit den Nadeln. Die Stimmung wurde ein bißchen ungemütlich. Zum Glück flog gerade Methusalems Enkel in einem Fesselballon durch das Zimmer. „Wir halten das nicht länger aus", sagte er. „Großmutter trinkt, Mutter ist ins Hotel gezogen, und Vater schluckt Valium. Bestimmt falle ich bei der nächsten Prüfung durch. Warum kann Großvater nicht sterben? Andere Leute sterben doch auch!"

„Ich werde mir Mühe geben", sagte Methusalem bekümmert. Es war also doch kein Glück gewesen. „Er ist aus dem Koma erwacht!", schrie der Enkel und floh entsetzt mitsamt seinem Ballon.

Monsieur Madame ließ das Strickzeug sinken und sah Methusalem über den Kneifer weg lange an. „Du hast gelogen", erklärte er streng. „Du gibst dir überhaupt keine Mühe."

„Natürlich nicht!", gab Methusalem zu. „Wer gibt sich schon Mühe, zu sterben? Wenn ich tot bin, gibt es mich nicht mehr. Ich will aber, daß es mich gibt!" Die Vorstellung, daß es ihn nicht mehr geben könnte, regte Methusalem dermaßen auf, daß ihm ganz schlecht wurde. „Mein Herz", keuchte er. „Schnell, ruf den Arzt an, Monsieur Madame!" „Ich kann nicht telefonieren", sagte Monsieur Madame.

„Was soll das heißen?" Methusalem war so erstaunt, daß er sein Herz ganz vergaß. „Jeder kann telefonieren, wenn ein Telefon da ist. Sogar kleine Kinder." „Ich nicht", sagte Monsieur Madame und wurde auf einmal verlegen. „Warum nicht, hast du auch Arthritis in den Fingern wie ich? Aber nein, du hast, wie ich sehe, gar keine Finger." „Ich möchte nicht darüber sprechen", sagte Monsieur Madame.

Methusalem war gekränkt. „Ich hab geglaubt, wir sind Freunde", maulte er. „Mit einem Freund kann man über alles sprechen – oder nicht?"

„Also gut", seufzte Monsieur Madame. „Versprichst du mir, daß du es keinem erzählst?" Wie aufregend, ein Geheimnis! „Ich schwöre", flüsterte Methusalem und hob seinen linken Fuß. Irgend etwas mußte man beim Schwören heben, obwohl er sich nicht genau erinnerte, was.

„Während ich hier an deinem Bett sitze", und jetzt flüsterte Monsieur Madame auch, „bin ich ganz woanders. Dort gibt es keine Telefone, wir brauchen sie nicht." „Unsinn", sagte Methusalem und flüsterte nicht mehr. „Heutzutage braucht jeder ein Telefon. Wie sonst willst du dich mit deinen Freunden unterhalten?" „Wenn du es wirklich

50

wissen möchtest …", begann Monsieur Madame zögernd, aber Methusalem schüttelte den Kopf. Er hatte jedes Interesse an dem Geheimnis verloren. Offenbar kam sein Freund aus der finstersten Provinz, wo man noch Briefe schrieb. Puh! Methusalem hatte nie gern Briefe geschrieben. Vor einem leeren Blatt fiel ihm einfach nichts ein, was er mitteilen könnte, und dann war auch noch der Ärger mit den Beistrichen. Beim Telefonieren mußte man keine Beistriche machen, weder an den falschen, noch an den richtigen Stellen.

Überhaupt hatte das Gespräch ihn ermüdet. „Während du strickst", sagte er, „werde ich ein Nickerchen machen." Er sagte es und schlief auch schon ein.

Der doppelte Methusalem

Als Methusalem wieder erwachte, saß Doktor Nase an seinem Bett. Monsieur Madame konnte also doch telefonieren! Oder er hatte es gerade gelernt. Jedenfalls gab es kein Geheimnis. Eigentlich mochte Methusalem Geheimnisse. Aber zugleich machten sie ihm Angst. Man konnte nie wissen, was sich hinter einem Geheimnis verbarg, oder wer.

„Na", sagte Doktor Nase, „und wie geht es uns heute?" „Wie es Ihnen geht, weiß ich nicht", antwortete Methusalem. „Mir geht es . . ." Er blieb mitten im Satz stecken, das passiert ihm oft. Man kann den Anfang eines Satzes so leicht verlieren wie Handschuhe, die findet man auch meistens nicht wieder, und wenn man noch so viel sucht. Nur, das hier war etwas anderes. Methusalem wußte wirklich nicht, wie es ihm ging.

Ein sonderbares Gefühl. Fast so, als wäre man ausgegangen, als wäre man nicht bei sich selber zu Haus. „Kein Grund zur Panik", sagte Monsieur Madame. Er schwebte, wie Methusalem jetzt erst bemerkte, neben ihm am Zimmerplafond und hielt sich elegant am Kronleuchter fest. „Du mußt nur in deinen Körper zurückgehen, und alles ist wieder wie sonst. Siehst du? Da liegt er ja!"

Methusalem sah Methusalem im Bett liegen und stieß einen Schrei aus? Doch obwohl es ein sehr lauter Schrei war, konnte niemand ihn hören.

„Bin ich tot?", fragte er.

„Tot ist man immer", sagte Monsieur Madame, „und lebendig auch. Es ist praktisch dasselbe, wie du noch feststellen wirst. Wenn du dich aber mit deinem Arzt unterhalten willst, mußt du deinen interessanten Ausflug unterbrechen und wieder in dich hineinschlüpfen, so unangenehm es auch ist." „In dieses Ding da?" Und Methusalem zeigte mit Abscheu auf das mit offenem Mund schnarchende Wrack auf seinem Bett. „Jetzt bist du aber wirklich unfreundlich", tadelte Monsieur Madame. „Spricht man so von einem Schatten, den man selbst wirft?" „Ich verstehe dich nicht", sagte Methusalem, „und ich will dich auch nicht verstehen, wenigstens im Moment. Verrate mir lieber, wie ich da wieder hineinkomme? Ich sehe nirgendwo eine Tür."

„Wenn du ein bißchen nett an ihn denkst, bist du gleich wieder drin." Nett an dieses garstige Ding denken? Aber es war vielleicht gar nicht garstig, auch wenn es wie ein gefällter Baum im Bett lag und vor sich hin moderte. Und als Methusalem es genauer betrachtete, bemerkte er das grüne phosphoreszierende Leuchten, das von ihm ausging. „Eigentlich ganz hübsch", dachte er. Und im gleichen Augenblick blinzelte er im Bett und hörte zu schnarchen auf. „Mir geht es gar nicht gut, Doktor Nase", jammerte er.

„Ich weiß." Doktor Nase fummelte scheinbar teilnahmsvoll an ihm herum. „Alt werden, ist kein Vergnügen." Warum denn nicht? So vieles war ein Vergnügen, von dem man es auch nicht für möglich hielt. Fischen zum Beispiel, obwohl es grausam war. Reisen, die voll von Ungemach waren und von Strapazen. Warum sollte ausgerechnet Altwerden keines sein?

Doktor Nase nickte Methusalem aufmunternd zu. Und im nächsten Moment stach er ihn in den Arm. „Hilfe!", brüllte Methusalem. „Mörder! Polizei!" Monsieur Madame würde ihn retten, und flehend schaute er zum Luster hinauf.

Doch Monsieur Madame war verschwunden.

Vom Glück, unter
Seinesgleichen zu leben

Als Methusalem aufhörte, zu brüllen, saß statt
des Doktors ein fremder Mann an seinem Bett.
„Sind Sie von der Polizei?", fragte Methusalem
erleichtert. „Wieso Polizei?" Der Fremde zuckte
nervös mit den Augenbrauen und steckte aus
einem Fläschchen, auf dem Valium stand, zwei
Tabletten in seinen Mund. Nachdem er sie hin-
untergeschluckt hatte, schrie er, als wäre Methusalem schwerhörig, was er allerdings war: „Ich bin
dein Sohn!"

„Ach so!" Methusalem lächelte ihn herzlich an.
„Entschuldige, aber das hab ich wirklich vergessen." „Macht nichts", murmelte der Sohn, obwohl
er nicht wie ein Sohn aussah. Denn sein Haar war,
soweit überhaupt noch vorhanden, dünn und grau.
Gequält lächelte er zurück. „Ich möchte mit dir
sprechen, Papa." „Wieso", fragte Methusalem, „tust
du das nicht gerade?"

Der Sohn zündete sich eine Zigarette an, und
Methusalem hustete. „Wir haben uns mit Doktor
Nase beraten, und mit dem Spezialisten auch."
„Ich und du?" „Nein. Ich und die Familie. So geht
es nicht weiter!" Da Methusalem nicht die geringste Ahnung hatte, was sein Sohn damit meinte,
schwieg er und wartete. „Das siehst du doch ein,
Papa?" „Ich weiß nicht. Du mußt mir zuerst sagen,
was ich einsehen soll?"

Der Sohn war inzwischen bei seiner zweiten

Zigarette angelangt. „Keine Aussicht auf Besserung!", stieß er zwischen Rauchwölkchen hervor.

„Ich wußte nicht, daß du krank bist", sagte Methusalem besorgt. „Wenn du natürlich so viel rauchst..."

„Es geht nicht um mich!" Er stand auf und ging erregt im Zimmer herum. „Erinnerst du dich noch an Onkel Wilhelm?" „Aber sicher", sagte Methusalem. „Mein Bruder Willi hat mich erst gestern besucht." „Dein Bruder", und der Sohn zündete sich die dritte Zigarette an, „ist seit fünf Jahren tot." „Das tut mir leid", murmelte Methusalem betrübt. „So ein lieber Kerl! Obwohl er mich beim Schwarzen Peter immer betrog." „Onkel Wilhelm ist in der letzten Zeit seines Lebens sehr glücklich gewesen", erklärte der Sohn bedeutungsvoll. „Und weißt du, warum?" „Hat er sich endlich scheiden lassen?" Methusalem schmunzelte. „Ich konnte die Frau nie leiden." „Er hat sich nicht scheiden lassen, sondern ging in ein Altersheim." „Willi? Er ist nur ein paar Jahre älter als ich. Ein Altersheim! Das wußte ich nicht." „Du hast ihn", sagte Methusalems Sohn, „dort jeden Sonntag besucht."

Methusalem bekam das Gefühl, daß dieses Gespräch irgendwie schief lief. „Ich bin sehr müde", sagte er weinerlich und machte beide Augen fest zu.

„O nein! Und wovon solltest du müde sein? Du schläfst fast den ganzen Tag. Nur in der Nacht wanderst du herum und weckst alle auf." „Weil ich nicht schlafen kann", sagte Methusalem, was einerseits logisch war und andererseits wieder nicht.

„Ich möchte, daß du dich an Onkel Wilhelms

Altersheim erinnerst", sagte der Sohn bei der vierten Zigarette. „War es nicht reizend?" „Nein, wirklich nicht!", sagte Methusalem. „Ich war jedes Mal froh, wenn ich wieder draußen war." „Ein gelegentlicher Besucher hat vielleicht nicht den richtigen Einblick. Onkel Wilhelm ist dort direkt aufgeblüht!" „Willi, jetzt weiß ich es wieder, ist dort gestorben." „Irgendwo muß man ja sterben. Und irgendwann!" „Schrei nicht so! Auch wenn ich schwerhörig bin, kann ich dich sehr gut verstehen."

Das stimmte auch, weshalb Methusalem in einen tiefen, wenngleich vorgetäuschten Schlaf fiel.

„Wirklich glücklich ist man nur unter seinesgleichen", sagte der Sohn und war ganz froh, daß Methusalem ihn nicht ansah. „Fische und Elefanten passen so wenig zusammen wie die Alten und Jungen. Es tut nicht gut, wenn man sich mischt. Und meine Ehe laß ich mir auch nicht kaputt machen von dir!" In der Tür drehte er sich noch einmal um. „Weißt du, daß Onkel Wilhelm zuletzt ein Verhältnis mit einer Krankenschwester hatte?"

Ein triumphaler Abgang! Er wußte, wo seine Mutter den Brandy versteckte. Gott sei Dank wußte er es!

Unerwarteter Besuch

War sie eine Primaballerina? Methusalem traute seinen Augen nicht. Ein Mädchen, in eine weiße Tüllwolke gehüllt, tänzelte auf Spitzen in sein Zimmer. „Weißt du noch?", zwitscherte sie. „Ich bin Fanny!"

Fanny … Wenn ihn nicht alles täuschte, war sie seine erste Liebe gewesen. Die Küsse unterm Fliederstrauch! Und immer hatte er die Mathematikaufgaben für sie gemacht. „Wie geht es dir, Fanny?", fragte Methusalem.

„Wunderbar!", sagte Fanny. „Ich bin Gott sei Dank tot. Und schon lang! Obwohl, während man gerade tot ist, die Zeit stehen bleibt." „Während? Du meinst, man bleibt gar nicht tot? Tot für immer und ewig?" Fanny lachte, daß ihr winziger Adamsapfel zu hüpfen begann. „Solang du lebst", sagte sie, „bist du nur lebendig. Es sei denn, du wärst besonders begabt. Wenn du stirbst, bist du beides!"

Methusalem wollte gerade fragen, was sie damit meinte? Denn natürlich interessierte ihn das sehr. Aber sie verschloß seinen Mund mit einem Kuß, noch zärtlicher als die unterm Flieder. Aber mitten im Kuß, er war noch gar nicht zu Ende, löste sie sich ganz einfach auf. Nicht wie eine Tüllwolke sondern wie eine am Himmel, und zurück blieb nur strahlendes Blau.

„Hast du", fragte Methusalem, „das gesehen, Monsieur Madame?" „Natürlich", antwortete dieser und hockte weder am Luster, noch im Nirgendwo, sondern zum Glück wieder an Methusalems Bett. „Bist du überrascht?" „Ein bißchen schon", sagte Methusalem.

„Wer", fragte Monsieur Madame, „hast du denn geglaubt, daß du bist?" „Würdest du bitte in meinem Paß nachschauen?" bat Methusalem. „Er steckt, glaube ich, noch immer in der Innentasche meiner Tweedjacke im Schrank, ich brauche ihn wohl nicht mehr. Aber da steht genau drin, wer ich bin und was. Alles. Auswendig weiß ich es leider nicht."

Monsieur Madame lachte, und es klang ein bißchen wie Krähen. „Und das glaubst du, was in deinem Paß steht?" „Natürlich", sagte Methusalem gekränkt. „Es sind meine eigenen Angaben, durch Dokumente belegt. Denkst du, ich hätte geschwindelt?"

„Ich denke", sagte Monsieur Madame, „daß du dich selbst noch nicht kennst." So etwas ähnliches hatte Methusalem schon einmal gehört oder geträumt, obwohl er sich darunter nichts vorstellen konnte. „Kennst du mich vielleicht besser?", knurrte er seinen Freund an.

„Selbstverständlich", sagte Monsieur Madame, „das ist schließlich mein Job." „Oh!" Methusalem machte seinen Mund auf und ziemlich lang nicht wieder zu, sodaß Monsieur Madame ihm mit dem Rest des gelben Wollknäuels das Kinn putzen mußte. „Ich hab nicht gewußt, daß du berufstätig bist."

Monsieur Madame zuckte, obwohl er gar keine hatte, bescheiden die Achseln. „Ich bin aber kein

großes Tier", murmelte er. „Und was tust du so?",
fragte Methusalem neugierig. „Ich sitze an deinem
Bett", sagte Monsieur Madame, „und rede mit dir.
Kann sein, wir machen auch Ausflüge. Den ersten,
auch wenn er nicht weit war, haben wir schon hinter uns." Dabei blickte er anzüglich zum Kronleuchter hinauf.

Methusalem versuchte, sich an Berufe zu erinnern. Er hatte selbst einen gehabt. Ein Wort
summte wie eine Biene in seinem Kopf herum.
„Direktor. Herr Direktor!" Hatte man ihn – oder er
einen anderen – so genannt? Methusalem war
nicht ganz sicher. Aber es machte ihm Freude, an
das Wort zu denken und es gar auszusprechen.
„Bist du ein Direktor?", fragte er und schaute Monsieur Madame respektvoll an.

„So etwas ähnliches vielleicht", und Monsieur
Madame lächelte. „Obwohl mich niemand so nennen würde." „Du leistest mir Gesellschaft" –
Methusalem geriet schon wieder ins Grübeln –
„also bist du vielleicht ein Gesellschafter?" „Auch
nicht ganz falsch", gab Monsieur Madame zu. „Hat
meine Familie dich engagiert?" „Nein", sagte
Methusalems Direktor oder Gesellschafter, „deine
Familie nicht." Methusalem nickte verständnisvoll.
„Hätte mich auch gewundert. Du bist sicher sehr
teuer." „Ich koste", sagte Monsieur Madame,
„überhaupt nichts."

Das Kalenderhaus

War es ein paar Tage später, ein paar Stunden oder nur Minuten? Die Zeit war ein Labyrinth, in dem Methusalem sich immer mehr verirrte.

„Weil du glaubst, es hat einen Eingang, einen Ausgang und eine Rose." Richtig, Monsieur Madame konnte Gedanken lesen! Offenbar gehörte das zu den Aufgaben eines Gesellschafters oder Direktors. „Hat es ja auch – oder?" „Nur, solang du es glaubst."

Was sollte das nun wieder? Monsieur Madame tat geradeso, als hätte Methusalem das Labyrinth erfunden. „In gewisser Weise", erklärte Monsieur Madame geduldig, „hast du das auch."

Vor Überraschung schlief Methusalem ein und träumte von einem riesigen Kalender mit dreihundertfünfundsechzig Zimmern, von denen jedes ein bißchen anders eingerichtet war. Manche waren eindeutig hübscher, ein paar waren direkt prunkvoll, doch die meisten eher bescheiden. Methusalem wohnte in diesem Kalenderhaus. Im Traum schien es völlig normal, in einem Kalender zu wohnen. Das Problem dabei war nur, daß er sich andauernd darin verlief. Auch fand er es verwirrend, daß die Aussicht in jedem Zimmer eine mehr oder weniger andere war, obwohl alle Fenster einander glichen. Ein wirklich verrücktes Haus, in dem er fortwährend nach Dingen suchte, die er in dem oder jenem Zimmer vergessen hatte. Bemerkenswert war, daß er zwar manchmal und wie durch ein Wunder die Dinge, nie aber die Zimmer wiederfand. Nein, er hatte dieses Haus gründlich satt und würde sofort ausziehen! Da er aber nicht wußte, wie er hereingekommen war, fand er auch keinen Ausgang.

„Du mußt die Wände fortblasen", sagte Monsieur Madame, er leistete ihm also auch im Traum noch Gesellschaft. In seiner Not war Methusalem darüber ganz froh. Er prustete seine Backen auf und blies, so kräftig er konnte. Und wirklich! Die dicken Wände erhoben sich wie Seidenpapier in die Luft und flogen, eine nach der andern, durch den Schornstein davon.

Alle Zimmer waren nun ein einziges Zimmer, und alle Aussichten eine einzige Aussicht. Doch hatte er für diese grandiose Aussicht einfach zu wenig Augen! Und das Zimmer war viel zu monumental, man konnte sich einfach nicht behaglich darin fühlen. Wie sehnte er sich nach den kleinen Kammern zurück!

Er hatte kaum angefangen, sich zu sehnen, da waren sie schon wieder da. Fielen durch den Schornstein wie Schmetterlinge und stellten sich selbst wieder auf. Interessanterweise war Methusalem jetzt auch nicht zufrieden.

Zuletzt fiel etwas durch den Schornstein, das unmöglich eine Wand sein konnte! Denn es war, im Gegensatz zu den weißen Wänden, rabenschwarz. „Hallo", sagte Monsieur Madame und winkte mit seinem gigantischen Hut.

„Träume ich noch?", fragte Methusalem höflich. „Du träumst immer", sagte Monsieur Madame.

„Auch, wenn du wach bist." „Träumst du auch?" „Nein", sagte Monsieur Madame. „Leider nie! Ich mache die Träume."

Das war nun ein Ding! Methusalem erinnerte sich, daß es Hutmacher gab, Schuhmacher, Handschuhmacher. Aber Traummacher? Das mußte ein abwechslungsreicher Beruf sein! Es kam Methusalem so vor, daß sein eigener Beruf, was für einer es auch gewesen sein mochte, nicht besonders abwechslungsreich war.

„Machst du auch meine Träume?" Methusalem schaute Monsieur Madame irgendwie beleidigend an. „Weil ich sie in dem Fall lieber abbestelle. Ich habe schon seit wer weiß wann keinen schönen Traum mehr gehabt!" „Tut mir leid", sagte Monsieur Madame. „Ich mache alle Träume nach Maß. Wenn ich sie zu klein oder zu groß mache, bekomme ich Schwierigkeiten." „Vom Chef?", fragte Methusalem verständnisvoll. „Vom Chef", bestätigte Monsieur Madame.

„Ich weiß nicht, ob das Kalenderhaus Traum oder Wirklichkeit ist", sagte Methusalem. „Aber auf alle Fälle will ich nicht darin wohnen! Weder mit Zimmerwänden, noch ohne. Es bedrückt mich so oder so." „Du willst aus der Zeit ausziehen?" Monsieur Madame machte verbotene Augen. „Unbedingt! Wenn Zeit der Name dieses schrecklichen Gebäudes ist."

„Das ist ein Traum, der dir noch nicht paßt", sagte Monsieur Madame und lächelte bedauernd. „Aber wir werden das Haus ein wenig verändern. Und den Kalender."

„Ein Kalender?", fragte Methusalem und wachte auf, obwohl er noch immer träumte. „Was ist das?" „Der Ariadnefaden im Labyrinth", sagte Monsieur Madame, „das es nicht gibt."

Ein dunkelblaues Gespräch

Es kam Methusalem vor, als wäre sein Leben nie
aufregender gewesen. Man mußte wohl vieles vergessen, um einiges wieder in Frage stellen zu können. In seinen hellen Momenten, die die dunkelsten waren, nahm er den eigenen Verfall wahr. Sein
Leib verweste, und sein Verstand löste sich auf.
Bald würde er nur noch Dünger sein für ... Ja, für
was eigentlich?

„Für dich selbst", sagte Monsieur Madame.
„Jeder wächst aus seinem eigenen Grab." Methusalem erschrak. Nicht zum ersten Mal zweifelte er an
einem Monsieur Madame außerhalb seiner selbst.
Eine Fatamorgana in der Wüste des Alters. Verbarg
er sein Elend unter einem Wahnbild? Nein, es gab
keinen Monsieur Madame, dachte er beschämt. Er
mußte lernen, das nackte Kreuz seiner Wirklichkeit zu tragen.

„Welcher Wirklichkeit?", fragte Monsieur
Madame. „Wie du weißt, gibt es viele!" Kam die
Stimme aus seinem Kopf? Seinem Herzen? Oder
vom Stuhl neben seinem Bett. Aber er wollte die
Augen nicht aufmachen, konnte es gar nicht. Als
wären seine Lider aus Blei ...

„Es ist schon wieder eine Frage der Wände",
sagte Monsieur Madame. „Wenn du sie fortbläst,
bist alles DU." „Aber welche von diesen vielen
Wirklichkeiten", fragte Methusalem, „ist wirklich?"

Monsieur Madame schwieg. Ich weiß es selbst,

dachte Methusalem. Alle und keine. Wirklichkeiten fallen wie Tautropfen vom Himmel. Geht die Sonne auf, verschwinden sie wieder. „Aber nur bis zur nächsten Dämmerung!", sagte Monsieur Madame.

Meine Morgendämmerung liegt weit zurück, dachte Methusalem. Und auch meine Abenddämmerung ist vorbei. Die Nacht kommt, und nicht eine einzige Wirklichkeit fällt mehr vom Himmel.

Gleichzeitig hoffte er, Monsieur Madame würde ihm widersprechen. Er hoffte es sehr. Doch der fragte nur: „Hast du Angst vor dem Tod?"

„Ja!", schrie Methusalem, aber es kam nur ein Gurgeln aus seinem Mund. „Ja, ja!" Plötzlich wünschte er, Doktor Nase wäre da und würde ihm eine Spritze geben. Oder, noch besser, der Spezialist. Eine so starke Spritze, daß er endlich aufhören konnte, er selber zu sein. Man selbst sein zu müssen, war das Schlimmste von allem.

„Warum möchtest du weniger du selbst sein, statt mehr?", fragte Monsieur Madame. „Wenn du mehr du selbst bist, statt weniger, hast du überhaupt keine Angst." Wenn ich schon sterben muß, dachte Methusalem, möchte ich es wenigstens nicht bemerken. Aber er soll nicht abgeschnitten werden, mein Ariadnefaden! Lieber irre ich die ganze Ewigkeit lang durch das Labyrinth. Sogar blind, sogar taub, sogar stumm. Aber den Ariadnefaden, meinen Lebensfaden, laß ich nicht los!

„Und die Ewigkeit ohne Labyrinth?", fragte Monsieur Madame milde. „Sag einmal, würde dir das nicht besser gefallen?" „Auf gar keinen Fall", erklärte Methusalem, so hitzig er es noch konnte. „Hältst du mich für verrückt? Es gibt keine Ewigkeit, das ist nur eine Metapher. Einen langen Ariadnefaden in einem Labyrinth ohne Ausgang, das wünsche ich mir! Kannst du mir so etwas schenken?"

„Wie kommst du darauf", fragte Monsieur Madame, „hältst du mich für den Weihnachtsmann?" „Für so etwas ähnliches", sagte Methusalem. „Und zwar unabhängig davon, ob es dich gibt oder nicht." Und, nach einer Pause: „Den Weihnachtsmann gab es auch nur, solang ich ein Kind war."

Aus der Tiefe des Labyrinths stieg ein Christbaum auf, ein Schaukelpferd und ein roter Ball. „Möchtest du", fragte Monsieur Madame, „ein Kind werden?" „Dasselbe, das ich einmal war?" „Nein, ein anderes." „Wie", fragte Methusalem, „wird man ein anderes Kind?"

Entweder Monsieur Madame dachte so lang über die Antwort nach, oder er war fortgegangen. „Bleib bei mir", flehte Methusalem. „Bitte bleib!" Angstvoll riß er beide Augen auf und starrte auf den Stuhl neben seinem Bett. Aber da war kein Stuhl mehr, und auch kein Monsieur Madame. Methusalem fing laut zu schreien an, als er sah, was er sah.

Nämlich eine weiße Lichtsäule, hundert Meter hoch oder tausend. Eine blendende Lichtsäule, und sie war keine Person. Mit einer Lichtsäule – dachte Methusalem, bevor er in Ohnmacht fiel – kann man nicht reden.

71

„Warum nicht?", fragte die Lichtsäule irgendwann, als Methusalem wieder zu sich – oder zu wem immer – kam. „Warum kann man mit einer Lichtsäule nicht reden? Du bist ein Dummkopf mit Vorurteilen, jawohl!" Und ärgerlich verwandelte sie sich wieder in einen schwarzen Raben mit dem übertriebenen Hut. „Ich habe die Maskeraden satt", schimpfte er, „satt, satt!"

„Hab ich diese Kostümierung für dich ausgesucht?", fragte Methusalem gekränkt. „Natürlich", behauptete Monsieur Madame, „wer sonst?"

Methusalem fühlte sich äußerst ungerecht behandelt. „Ich habe weder die Welt erschaffen", sagte er pikiert, „noch dich!" „Da irrst du dich", sagte Monsieur Madame, „aber gewaltig!"

Ich muß krank sein, dachte Methusalem. Sehr krank! Ich unterhalte mich mit einer Lichtsäule. Und mit einem Raben mit Kneifer und Hut. Warum habe ich kein Testament gemacht? Ich hab geglaubt, es geht immer so weiter. Ich habe geglaubt, ich wäre unsterblich.

„Du bist unsterblich", sagte Monsieur und Madame amüsiert. „Obwohl du offenbar wenig Spaß daran hast!" Das mußte Methusalem erst einmal schlucken, und dabei verkutzte er sich. Mit mehr als dem nötigen Aufwand schlug Monsieur Madame ihm auf den Rücken. „Au!", sagte Methusalem.

„Es gehört zu meinen Pflichten, dir weh zu tun", sagte Monsieur Madame. „Leider!"

„Ich verstehe das alles nicht", murmelte Methusalem. „Wer bist du wirklich?" „Der, den du gerufen hast", murmelte Monsieur Madame.

Methusalem erinnerte sich nicht daran, überhaupt jemanden gerufen zu haben. Allerdings erinnerte er sich nur mehr an wenig und immer weniger. Die Welt, wie er selbst, schrumpfte.

„Irrtum!", sagte die Lichtsäule. „Die Welt, wie du selbst, wächst!"

Eigentlich, dachte Methusalem, war alles verrückt. Die Raben und Lichtsäulen. Und auch der Notar, den seine Familie immer wieder an sein Bett holte. Er kannte ihn nicht, und er wußte nicht, was er wollte. Natürlich hätte er, um gefällig zu sein, alles unterschrieben. Doch konnte er nicht mehr schreiben, weder über, noch unter. Es war ziemlich sonderbar, Teile von sich selbst zu verlernen. Oder, dachte er, zu verlieren. Ich verliere mich selbst . . .

„Klar, das muß man!", sagte Monsieur Madame. „Wer sich nicht selbst verliert und verwechselt, ist tot. Und du wolltest, hab ich dich recht verstanden, unsterblich sein?" „Unsterblich", sagte Methusalem langsam, sehr langsam. „Wird man nur durch den Tod unsterblich?"

„Nur durch den Tod", sagte Monsieur Madame.

Die gestohlenen Daunen

Eines Nachts, als Monsieur Madame gerade schlief oder im Mondschein spazierte – er war jedenfalls nicht da – passierte es. Methusalem war sein Leben lang zu vertrauensselig gewesen. O, viel zu vertrauensselig! Es mußte ja einmal so kommen. Trotzdem war es, für Methusalem, ein Schock.

Die eigene Nachbarin! Als er noch ausging, hatte er sie jedes Mal, wenn sie einander begegneten, höflich gegrüßt. Sogar über das Wetter hatte man miteinander gesprochen, und jetzt das! Dabei hatte sie nie besonders sportlich ausgesehen, im Gegenteil. Stöckelschuhe, flehende Augen und ein rot geschminkter Mund. Wie hatte er sich nur täuschen lassen! Denn behende wie ein Affe kletterte sie die Hausmauer hoch und durch das leider offene Fenster in sein Zimmer herein.

Vor Schreck machte Methusalem beide Augen zu, aber nicht ganz. Er blinzelte. Die schöne Nachbarin zog eine blitzende Schere aus ihrem – einst von ihm durchaus bewunderten – Décolleté, und schlitzte blitzschnell seine Tuchent auf. Dann fuhr sie mit beiden Händen gierig in die Daunen und stopfte sie in einen schwarzen Sack. Als der Sack voll war, schwang sie sich aus dem Fenster, und im Nu war sie verschwunden.

Methusalem öffnete seine Augen und stellte betrübt fest, daß seine Tuchent so dünn geworden war wie Papier. Wahrscheinlich würde er noch im

Laufe der Nacht erfrieren. Bei dieser eisigen Aussicht fing er zu schreien an. Er schrie zuerst nach Monsieur Madame, und dann überhaupt.

War das sein Enkel oder sein Sohn, der ins Zimmer gestürzt kam, mit nacktem Oberkörper und einer Art Höschen, wie Damen in seiner Jugend sie trugen? Jedenfalls äußerst unpassend für einen Mann.

„Ich bin beraubt worden", erklärte er streng. „Siehst du? Es sind kaum noch Daunen in meiner Tuchent." „Deiner Decke", sagte der Sohn oder Enkel. „Es ist Sommer." „Unabhängig von der Jahreszeit", sagte Methusalem, „mußt du die Anzeige erstatten. Es war die Nachbarin. Hättest du das geglaubt?" „Nein", sagte der Sohn oder Enkel. „Und ich glaube es noch immer nicht. Versuch, wieder zu schlafen!"

Kopfschüttelnd sah ihm Methusalem nach. Waren dem Enkel, oder dem Sohn, Verbrechen egal? Und auch, daß ein Angehöriger der Familie das Opfer war ... Methusalem war zutiefst deprimiert.

Vielleicht, dachte er, steckten sie unter einer Decke? Alle, die ganze Familie. Es war ein großer Fehler von ihm gewesen, sie für harmlos, ja zuweilen sogar langweilig zu halten. Sie hatten sich einfach verstellt! Nun gut, jetzt wußte er es. Traurig natürlich. Mit der Schwiegertochter war er wenigstens nicht verwandt! Aber der eigene Sohn, der eigene Enkel, die eigene Frau ...

War er überhaupt verwandt mit seiner Frau? Während er das noch überlegte, kam die Daunendiebin zurück. In Zukunft würde er es nicht zulassen, daß das Fenster auch nur einen Spalt breit offen blieb! Lieber erstickte er.

Methusalem stellte sich, was sicher das klügste war, schlafend. Natürlich fiel die dumme Nachbarin auf seinen Trick herein! Und räumte seelenruhig alle Medizinfläschchen, Pillen und Pulver, die auf seinem Nachtkästchen standen, in ihre Handtasche. Klar, diesmal hatte sie keinen Sack mitgebracht. Es gab keine Daunen mehr. Nur diese kleinen Dinger, die, obwohl sie ihm äußerst widerwärtig waren, ihn am Leben erhielten. Es war so leicht, sie zu durchschauen. Sie wollte, sie alle wollten seinen Tod.

Er geriet in Panik, rang plötzlich nach Luft. Dadurch war sie gewarnt. Sprang, die Handtasche mit der Beute fest an sich pressend, mit einem Satz auf das Fensterbrett. Er wünschte von Herzen, sie möge hinunterfallen und sich das Genick brechen. Aber Wünsche gehen ja nie in Erfüllung! Nicht einmal das Schaukelpferd, um das er als Kind betete, hatte er je bekommen. Der liebe Gott las offenbar, statt in den Herzen, die Zeitung. Und natürlich glitt die Nachbarin elegant an der Hausmauer hinab und pfiff dabei, um ihn zu verhöhnen, ein Kirchenlied.

Es war schlimm, sich so hilflos zu fühlen wie Methusalem jetzt. Darum kann man seine Erleichterung verstehen, als auf einmal Monsieur Madame wieder an seinem Bett saß. „Wo bist du gewesen?", jammerte er. Man kann auch vor Freude jammern, wie jeder weiß. „Wenn du mich noch einmal allein läßt, gehe ich fort, und du findest mich nie mehr wieder." In der Aufregung vergaß er, daß er nicht mehr gehen konnte, und funkelte seinen Freund drohend an.

„Ich lasse dich nie allein", sagte Monsieur Madame. „Und ich war die ganze Zeit da." „Aber ich hab dich", widersprach Methusalem, „nicht gesehen!" „Ich weiß", sagte Monsieur Madame. „In deinen Augen gehe ich an und aus wie das Licht." Methusalem dachte angestrengt nach. „Das", erklärte er endlich, „verstehe ich nicht." „Ich weiß", sagte Monsieur Madame noch einmal und seufzte.

Der Zimmerkrieg

Es kam eine Zeit, in der Methusalem seinen Freund immer seltener sah. Dabei hätte er ihn gerade jetzt so nötig gebraucht! Denn Methusalem kämpfte. Und in der dunkelsten Ecke seines Bewußtseins, wo die Kreuzspinne ihr Netz wob, wußte er, daß es ein Kampf auf Leben und Tod war.

Nicht nur die Nachbarin und seine Familie – die ganze Welt hatte sich gegen ihn verschworen. Einmal wimmelte das ganze Zimmer von Soldaten. Gott weiß, wie sie hereingekommen waren? Durch die Tür jedenfalls nicht, denn die beobachtete er scharf. Er hatte sich zu diesem Zweck beide Brillen, die für die Nähe und die für die Ferne, aufgesetzt. Denn wie sollte er wissen, ob der Feind ihn aus der Ferne oder Nähe überfiel?

Es war also wieder einmal Krieg, und ihm hatte man davon nichts gesagt. Natürlich, denen war es egal, ob er in Bombenhagel, Gefangenschaft oder noch Schlimmeres geriet. Außerdem war er, wie ihm mit Entsetzen einfiel, ein Mann. Wahrscheinlich lag der Einberufungsbefehl längst im Briefkasten. Aber er würde nicht aufstehen und nachsehen, o nein!

Zitternd zog er die der Daunen beraubte Decke über seinen Kopf. Er war, Gott und seine Frau wußten es, ein friedliebender Mensch. Nie durfte ein Fliegenfänger in seiner Küche hängen, und auch sonst nirgends im Haus. Sondern er gab den schwarzen Tierchen Namen und rief sie, bis sie sich auf seine Hand setzten. Dann öffnete er ein Fenster und ließ sie hinaus. Schnecken und Regenwürmer, die er auf der Straße traf, hob er auf und trug sie an den sicheren Rand. Und jetzt sollte er auf Fremde schießen? Oder, was – ehrlich gesagt – noch schlimmer war, von ihnen erschossen werden?

Vaterlandsliebe hin oder her! Sein Vaterland war, ohne Grenzen, die Erde selbst. An Grenzen glaubten nur Dummköpfe und verteidigten sie mit ihrem eigenen und dem Blut anderer Leute. Vor allem mit dem Blut anderer Leute. Dies alles erschien ihm so sinnlos, daß er sich wunderte, nicht schon längst ausgewandert zu sein. Nun, das ließe sich vielleicht nachholen. Daß er im Moment nicht wußte, wohin, hatte nichts zu bedeuten. Selbstverständlich war er nervös! Unter diesen Umständen wirklich kein Wunder. Wenn man nervös war, konnte man nicht klar denken. Später, sobald er aus diesem Schlamassel erst einmal heraus war ...

Vorsichtig zog er seinen Kopf unter der Decke hervor. „Ich ergebe mich!", sagte er deutlich und laut.

Die Soldaten in ihren feldgrauen Uniformen beachteten ihn nicht einmal. Sie waren damit beschäftigt, seinen Schrank auszuräumen, die Kommode mit der Wäsche und das Bücherregal. Methusalem wunderte sich, woher sie im Krieg die Zeit zum Lesen hernehmen wollten? Aber Soldaten, dachte er angewidert, plünderten immer und alles. Egal, ob sie es brauchten oder nicht.

Eine weiße Fahne! Gerade in chaotischen Situationen, wie Krieg gewiß eine war, mußte man Konventionen beachten und die Höflichkeit wahren. Obwohl es nicht leicht war, das Leintuch unter dem eigenen Leib wegzuziehen, unterzog Methusalem sich der Mühe. Ganz schaffte er es nicht. Aber es war immerhin ein beträchtlicher Zipfel, den er nun, da die Feinde auf sein Wort allein nicht reagierten, in der Luft schwenkte.

„Bist du verrückt geworden?" Methusalem blinzelte den Soldaten, der ihm diese ungewöhnliche Frage stellte, gekränkt an. Wie er dabei feststellte, war es gar kein Soldat. Natürlich, nur ein Zivilist konnte so ahnungslos sein. Dieser Zivilist trug noch dazu ein blaues Kleid mit roten Tupfen, war also allem Anschein nach eine Frau. Von einer Frau konnte man nicht erwarten, daß sie in Dingen des Krieges Bescheid wußte. „Ich signalisiere, daß ich nicht kämpfen will", erklärte er darum freundlich, „und Ihnen rate ich, dasselbe zu tun."

Offenbar war der Getupften die Vorstellung, zu kapitulieren, unerträglich, denn sie begann lauthals zu weinen. Methusalem wußte nicht, wie er sie beruhigen sollte. „Aber Mädchen", sagte er und tätschelte ihren Rücken, „nur die Dummköpfe sind Helden! Winken Sie lieber, statt sich hineinzuschneuzen, mit Ihrem Taschentuch, bevor man Sie erschießt! Oder", schloß er nachdenklich, „gar vergewaltigt."

Diese dumme Person! Statt seinem guten Rat

dankbar zu folgen, trommelte sie mit beiden Fäusten auf seiner Brust herum. „Goldene Hochzeit!", schluchzte sie. „Wir feiern heute die goldene Hochzeit. Unsere ... goldene ..."

Was meinte sie damit? Armes Wesen, sie war mit den Nerven völlig herunter. Schuld daran war der Krieg. „Da sehen Sie", schalt er die Soldaten, „was Sie angerichtet haben! Rüsten Sie ab, bevor Sie noch mehr Unglück über die Welt bringen."

Merkwürdig, die Soldaten waren alle verschwunden. Offenbar waren sie seinem Befehl gefolgt wie der Blitz. Methusalem fühlte sich geschmeichelt. Es war ihm sogar recht, daß die Getupfte noch immer in sein Kopfkissen hinein heulte. Wahnsinnig oder nicht – man konnte sich sein Publikum nicht aussuchen. Hauptsache, er hatte überhaupt eines! Jetzt, in der Minute seines Triumphs ...

„Sie können ruhig noch bleiben", sagte er gönnerhaft. „Nur nicht über Nacht! Ich bin nämlich verheiratet, und meine Frau würde es gar nicht schätzen ..." Was hatte sie jetzt schon wieder? Das Geschluchze war schlimm genug. Aber daß sie auch noch hysterisch zu lachen begann, war mehr, als er ertrug.

„Meine Frau ist sehr eifersüchtig", sagte er kühl. „Also verschwinden Sie, meine Gnädigste! Ich zähle bis drei ..."

Es war sein Pech, daß er ausgerechnet bei Zwei steckenblieb.

Stille Nacht

Von da an saß, statt Monsieur Madame, die Getupfte an seinem Bett. Zwei oder drei Ewigkeiten lang, wie ihm schien. Doch hatte Methusalem verlernt, zwischen Stunden und Jahren zu unterscheiden. Es war auch belanglos, da es nichts außer der Gegenwart gab. Einer Gegenwart, die ihm früher in immer wieder anderen Masken erschienen war. Schönen und schrecklichen, vertrauten und fremden, obwohl die meisten weder das eine noch das andere waren. Er erinnerte sich an ein Gefühl der Langeweile und Trübsal, das ihn bei ihrem Anblick beschlich. Und für diese unzählbar vielen, beständig wechselnden Masken gab es nur einen einzigen Namen: Zeit!

Die Gegenwart war namenlos wie er selbst. Die Flüsse und das Meer, dachte er. Und noch während er dies dachte, wußte er schon nicht mehr, warum. Aber, als würde jeder Gedanke ihre Nacktheit verletzen, bedeckte die Gegenwart ihr Gesicht wieder mit einer Maske. Ihr Gesicht? Methusalem wußte nicht mehr, ob sie je eines hatte.

Die Getupfte, obwohl sie manchmal auch eine Gestreifte war und manchmal eine ganz ohne Muster, hantierte an seinem Körper herum, mit dem ihn nur mehr Schmerz und Unbehagen verband. „Nimm das weg", sagte er zu ihr und meinte Haut, Knochen und Fleisch. „Es stört mich!"

Aber das tat sie, obwohl sie es vielleicht gekonnt hätte, nicht. Abwechselnd redete, weinte und schwieg sie. Am schlimmsten war dieses Schweigen, das sich wie eine immer schwerer werdende Last auf sein Herz legte.

„Warum backst du mir nichts?", fragte er, obwohl er eigentlich etwas anderes meinte. Aber die Wörter trugen alle einen Schleier, der oft so dicht wurde, daß er sie dahinter nicht mehr erkannte.

So verwechselte er sie wie ein Sultan die gleichfalls verschleierten Damen seines Harems. Der Vergleich gefiel ihm, und er kicherte in sich hinein.

„Daß du noch lachen kannst!", sagte die im Moment Gestreifte und schüttelte mißbilligend ihren Kopf. „Und backen ... Was soll ich dir backen?"

„Willikipferln", erklärte Methusalem mit leuchtenden Augen. Sie seufzte. „Vanillikipferln", korrigierte sie ihn. Methusalem nickt eifrig. „Sonst hab ich", sagte er, „nichts von Weihnachten!"

„Aber die Himbeeren sind erst reif", sagte sie und war wieder getupft. Sonderbar, ihm war gar nicht aufgefallen, daß sie sich umzog. Oder führten sie dieses Gespräch schon seit Wochen? Und was hatten Himbeeren denn mit Weihnachten zu tun? „Du bist ...", fing er an, und dann fiel ihm nicht ein, was sie war. Er tippte sich an die Stirn, meinte er das? „Himbeerkipferl", bettelte er, und dann fing er mit dünner Stimme zu singen an:

„Stille Nacht, heilige Nacht, alles schläft ..."

„Lieber Gott!", sagte seine Frau. „Ich weiß, er kann nichts dafür. Aber ich auch nicht! Nimm ihn mir ab, lieber Gott. Von uns beiden hast entschieden Du die besseren Nerven ..."

Gott stellte sich taub.

Der Sündenfall und andere Fälle

Bis dahin war Methusalem ziemlich friedlich in seinem Bett gelegen. Nun aber begann er, aus ihm herauszufallen wie, schon seit einiger Zeit, aus der Welt.

Aus der Welt ins Kaninchenloch zu fallen wie die kleine Alice, war wenigstens noch lustig gewesen und ein Abenteuer auf jeden Fall. Aber wenn man aus dem weichen Bett auf den harten Fußboden fällt, ist das immer traurig. Da lag er also und zappelte wie ein Käfer, während sein von allen Kräften verlassener Körper sich überall mit grünen und blauen Flecken bedeckte.

Bei Tag war es nicht so schlimm. Wenn er nur lang genug rief, kam jemand ins Zimmer, hob ihn ungeduldig auf und ging wieder. Er unterschied zwei Männer, die er allerdings miteinander verwechselte. Einer von ihnen fragte jedes Mal: „Hast du dir weh getan?" „Nein", log Methusalem dann. Der andere fragte nur knapp: „Alles O. K.?" und wartete die Antwort nicht ab. Leider kam zuweilen auch eine Frau, deren Hände hart waren und grob. Sie fragte überhaupt nichts sondern sagte Sachen, die Methusalem nicht verstand. Verstand er sie aber, versuchte er sofort, sie zu vergessen. Immer gelang es ihm nicht.

Die getupfte Gestreifte kam auch. Statt ihn aufzuheben, half sie ihm rufen. Dabei jammerte sie so, daß er sich geradezu verpflichtet fühlte, sie zu trösten. Doch sie schien lieber weinen zu wollen, also ließ er sie.

Einmal, als beide vom vielen Rufen schon müde waren, fragte er: „Früher einmal ... hab ich nicht früher eine Frau gehabt?" Die Fremde nickte, und dabei winselte sie wie ein Hund. Äußerst unangenehm, fand Methusalem. „Ist sie tot?", fragte er. Die Antwort, die er bekam, war sonderbar. „Man muß wissen, wann man zu sterben hat", sagte sie und verkniff ihren Mund. „Es ist eine Sünde, so alt zu werden!"

Methusalem glaubte zu verstehen, daß seine Frau wirklich gestorben war. Er konnte sich nur mehr sehr undeutlich an sie erinnern. Ein Mädchen mit roten Backen und grünen Augen, das zum Lachen nie einen Grund brauchte. Nur, wenn sie auf die Waage stieg, wurde sie ernst. Und im Ehebett, mein Gott! Was hatten sie für Spaß miteinander gehabt. Einen Augenblick lang brach die Vergangenheit wie eine Sturzwelle über seinen Körper herein und umspülte ihn ganz. Methusalem griff der alten Frau, die neben ihm kauerte, an die Brust. Sie wehrte sich nicht, nur eine Träne aus ihren Augen fiel auf seine Hand, und rasch zog er sie weg.

Nachts, natürlich, kam niemand. Eigentlich merkte Methusalem nur daran, daß niemand kam, daß es Nacht war. Er fror dann und wartete. Obwohl er ihn nicht mehr sah, begann er wieder mit Monsieur Madame zu reden oder auch mit sich selbst, was vielleicht keinen Unterschied machte.

„Kann ich etwas dafür, daß ich so alt bin, Monsieur Madame?", fragte er. „Vielleicht hätte ich längst sterben sollen. Aber ich weiß wirklich nicht, wie man das macht? Als ich noch auf Gesellschaften ging, haben die Gastgeber manchmal auf die Uhr geschaut und gegähnt. Dann bin ich aufgestanden, hab mich schön bedankt und die Türe gesucht. Ich suche sie jetzt auch, die Tür, aber ich finde sie nicht. Und alle schauen auf die Uhr, alle gähnen."

Methusalem war so deprimiert, daß er sich an die vielen Buffets und Menüs zu erinnern versuchte, die es jedes Mal vor dem Blick auf die Uhr gab. Und obwohl er schon lang nichts mehr schmeckte oder gar roch, stieg ihm angenehmer Bratenduft in die Nase, und seinen Gaumen kitzelte französischer Käse und Eierschnee.

Und auf einmal sah er die Tür! Vor lauter Erleichterung lachte er, obwohl es wie Wimmern klang. Er wußte genau, was er zu tun hatte. Oder zu lassen. Endlich wußte er es!

Die Tür wird zugesperrt

„Herr Doktor! Mein Mann ißt nichts mehr. Was sollen wir tun?" „Wie lange schon?", fragt Doktor Nase. „Eine ganze Woche. Er wird immer schwächer." „Vielleicht", sagt Doktor Nase, „will er es so. Wir müssen seinen Willen respektieren."

Seinen Willen! Als ob Methusalem noch weiß, was er will! Soll man ihn verhungern lassen?

„Herr Professor! Mein Vater hat vor einer Woche zu essen aufgehört. Wir sind ratlos." „Er muß künstlich ernährt werden", sagt der Spezialist. „Ich rufe im Krankenhaus an, ob ein Zimmer frei ist." Die Schwiegertochter wird zuerst blaß und dann rot. „Kein Zimmer!", sagt sie. „Er ist nicht auf Klasse versichert."

Der Professor bestellt einen Krankenwagen und ein Bett. „Meine Nerven halten das nicht aus", sagt Methusalems Frau und weint. „Mein Mann und ich müssen morgen sehr früh aufstehen", sagt die Schwiegertochter. Der Enkel denkt an das Schaukelpferd, das ihm sein Großvater zum dritten Geburtstag geschenkt hat. „Ich komme mit", sagt er.

Hätte er es nur nicht gesagt! Zwar läßt Methusalem sich, mit der Aussicht auf eine Spazierfahrt, mühelos in den Wagen locken. Aber kaum ist er im Krankenhaus, fängt er zu toben an. Die Beruhigungstablette spuckt er der Krankenschwester ins Gesicht, und das Wasserglas landet, samt Inhalt, auf dem Kopf des Portiers. Einen Assistenten und zwei Assistentinnen boxt er glatt nieder. Wer hätte gedacht, daß solche Kräfte noch in ihm stecken? Der Enkel ist, wider Willen, beeindruckt. „Aber ich kann leider nicht bleiben", sagt er und macht sich, so schnell er kann, aus dem Staub.

Methusalem landet – wir wollen lieber nicht wissen, wie – in einem Zimmer mit sieben anderen alten Herren. Er bekommt eine Spritze und mehrere Schläuche verpaßt. Was weiter mit ihm geschieht, bemerkt er nicht mehr.

„Sie haben Glück!", sagt die Krankenschwester, die seine Toilette erledigt, am nächsten Morgen zu ihm. „Ein Zimmer mit Aussicht." Methusalem wirft einen unbeteiligten Blick aus dem Fenster. Ein paar Fabriksschlote in der Ferne und, ganz nah, ein kranker, sterbender Baum. „Brüderchen", denkt Methusalem. „Mein Brüderchen." Aber das denkt er, so komisch es klingen mag, nicht mit dem Kopf. Sein Kopf ist wie zugenäht. In einem Sack und zugenäht. Ein Instinkt behütet Methusalem davor, den Sack zu öffnen. Es ist sehr angenehm, weniger oder mehr zu sein, als man selbst.

Besonders, wenn das Tablett mit dem Essen kommt! Methusalem weist es nicht zurück, er ignoriert es. Auch die Einwohner des Mars oder der Venus würden faschierte Laibchen ignorieren oder Apfelkompott.

Auf Fragen antwortet er nicht. Versteht er sie überhaupt? Vielleicht ja, vielleicht nein. Tatsache ist, daß sie ihn nicht interessieren. Nicht mehr. Er hängt an seinen Schläuchen wie an mehreren

Nabelschnuren zugleich. Man muß sie, um geboren zu werden, zerreißen. Er tut es.

Als sie ihm die Hände links und rechts ans Bett festbinden, glaubt er es zunächst nicht. Etwas Unglaubliches kann man nicht glauben. Wenn er seine Hände nur etwas bewegt, wird er gleich wieder frei sein. Er bewegt sie mit steigendem Entsetzen und zerrt an den Fesseln. Sie sagen, der Patient wäre unruhig. Er bekommt eine Spritze.

Etwas tropft unablässig in seinen Körper hinein, und etwas tropft unablässig aus ihm heraus. Vage steigt ein Bild in ihm auf. Das Klassenzimmer seiner alten Schule. Unter den vielen Kindern erkennt er sich selber nicht mehr. Der Religionslehrer im pechschwarzen Habit schreibt mit Kreide ein Wort an die Tafel: HÖLLE.

Hölle? Wieder zerrt Methusalem an seinen Fesseln. Sie geben nicht nach. Aber wo ist das Feuer? Hat er nicht gelernt, die Hölle wäre ein Ort des Feuers?

Irgendwann kommen fremde Leute ins Zimmer und stellen sich rund um die Betten auf, ein paar auch um seines. Eine alte Frau tätschelt seine Hand. Da beißt er zu!

Sie weichen vor ihm zurück. Die alte Frau hält ihre Hand hoch, an der ein roter Tropfen zittert. „Mama, du blutest!", sagt der Herr mit der Glatze. Eine Frau, auch nicht mehr jung und mit bösen Augen, stößt ihn in die Seite.

„Komm! Es ist besser, wir gehen."

Ohne ihn noch einmal anzuschauen, gehen sie auf die Tür zu. Nur einer von ihnen, er trägt sein

Haar fast so lang wie ein Mädchen, dreht sich verlegen um und winkt.

Luftleute

Obwohl, außer Schwestern und Ärzten, nur noch selten jemand um sein Bett herum stand, konnte er sich über Mangel an Besuch nicht beklagen. Und keineswegs war er von der üblichen, langweiligen Sorte! Auffallend war auch, daß diese Leute, statt zur Tür, zum Fenster hereinkamen und dann kreuz und quer durch die Luft spazierten, als hätten sie kein Gewicht.

Wer sie waren und woher sie kamen, wußte Methusalem nicht. Es machte ihm einfach Freude, sie wie menschliche Fliegen mit den Augen zu verfolgen. Manchmal sagten sie etwas zu ihm, das er nicht verstand, leider. Und auf die Idee, selbst mit ihnen zu sprechen, kam er nicht. Eigentlich genügte ihre erstaunliche Anwesenheit völlig.

Ein paarmal stand, ohne daß er ihre Ankunft bemerkt hätte, seine Mutter am Fußende des Bettes und lächelte ihm zu. Es war wirklich ein unglücklicher Zufall, daß gleich darauf jemand mit einer Spritze gelaufen kam oder sonst etwas Unangenehmes mit ihm machte, und zwar jedes Mal. Seine Mutter schien so wenig Gefallen daran zu finden wie er selbst. Sie verschwand einfach. Wie gern hätte Methusalem es ihr gleichgetan! Doch obwohl sie ihn als Kind viel zauberhaft Unpassendes gelehrt hatte wie Pfeifen auf zwei Fingern, mit den Ohren wackeln und später sogar, wie man einer Dame auf frivole Weise den Hof macht, was ihnen beiden großes Vergnügen bereitete – die Kunst des Verschwindens hatte sie ihm nie beigebracht.

Auch sein kleiner Bruder, der seinerzeit in die Donau gesprungen war und niemand wußte, warum, besuchte ihn ab und zu. Es war merkwürdig, einen Bruder zu haben, dem noch kein Bart wuchs, während er selbst ohne Zähne und mit nur mehr sehr wenig Haaren, aber vielen Schläuchen an ein Bett angebunden war. Er könnte, und irgendwie war es ihm peinlich, der Urgroßvater seines Bruders sein!

„Warum hast du das gemacht?", fragte er, um seine Verlegenheit zu verbergen, streng. „Wir waren alle außer uns, damals!" „Das bin ich noch immer", lachte der kleine Bruder. „Außer mir!" Was sollte das nun wieder bedeuten? Aber bevor Methusalem noch fragen konnte, war sein Bruder wie Nebel in der Sonne verdunstet.

Auch das Kinderfräulein! Es war Methusalems früheste Liebe gewesen, und vielleicht hatte sie seinetwegen niemals geheiratet. Aber vielleicht auch wegen des Kriegs. Nur ihretwegen hatte er sich täglich Hals und Ohren gewaschen. Einmal hatte er sogar ein Gedicht, in dem sich Brüste auf Küste reimten, auf sie gemacht und in seine Wäsche geschmuggelt. Beim Waschen hatte sie es natürlich entdeckt. Seine Ohren waren so rot gewesen wie ihre Wangen, als sie ihn an die sanfte Küste ihrer Brüste zog.

„Lieb, daß du gekommen bist", sagte Methusalem. Und sie, das Kinderfräulein: „Lieb, daß du kommst!"

Die Schande des Alters

„Auf gar keinen Fall!", sagte die Biologieprofessorin. „Wir können ihn nicht mehr aufnehmen." „Es ist noch immer sein Haus", warf Methusalems Frau schüchtern ein. Niemand beachtete sie.

„Mein Vater", erklärte der Mann mit der Glatze, „braucht eine besondere Pflege. Wir sind beide berufstätig. Was kostet der Platz in einem Altersheim, und zahlt die Versicherung mit?"

Der Enkel, der inzwischen mit der rothaarigen Studentin schlief, betrachtete aus diesem Grund die Welt mit vier Augen. Seinen eigenen und denen der Freundin. Sie hatte sehr nette Augen. „Vielleicht", sagte er, „möchte der Großpapa gar nicht mehr leben? Ich meine, unter diesen Umständen ... Kann man ihm nicht helfen, zu sterben?"

„Man kann schon", sagte der Herr Primarius freundlich. „Es ist jedenfalls barmherziger. Wir könnten die künstliche Ernährung einstellen." „Ja?!" Erwartungsvoll und erleichtert schauten sie ihn an. „Aber die Ehefrau muß das entscheiden. Wenn sie also sagt ..."

„Ich?" Methusalems Frau zitterte am ganzen Leib. „Ich sage gar nichts. Ich käme mir wie eine Mörderin vor!"

„Also gut", sagte der Primarius und schaute die Lebenden wie die Sterbenden mitleidig an. „Ich kümmere mich darum."

Sobald ein Platz im Altersheim frei wurde,

räumte Methusalem sein Bett im Spital. Seine Frau war gekommen und stand den Schwestern überall im Weg. „Komm ich nach Hause?", fragte Methusalem.

Sie gab keine Antwort. Lieber Gott, dachte sie. Mach, daß er es gar nicht merkt! Aber er würde es merken, natürlich würde er das. „Ich besuche dich", sagte sie schnell. „Ich besuche dich alle Tage!" Nun ja, vielleicht nicht alle ...

Sie hätte lieber ein Taxi genommen. Mit dem Krankenwagen ins Altersheim zu fahren, war wirklich ein Gipfel der Trostlosigkeit. Methusalems nächstes Gefährt würde der Totenwagen sein. Sie versuchte, nicht daran zu denken. „Mach keine Schwierigkeiten", schrie sie ihm, denn er hörte zunehmend schlechter, ins Ohr. „Pflegefälle wollen sie nicht! Sie nehmen sie nur vorübergehend."

Pflegefälle. War er ein Pflegefall? Pflege ... das rief Erinnerungen noch an die Zeit vor dem Kinderfräulein wach. Er schmatzte wohlig. Pflege war etwas Sanftes und Süßes.

Vor einem großen dunklen Haus hob man ihn aus dem Wagen. Zwei Mädchen in weißer Schwesterntracht nahmen ihn in Empfang. Er hatte nicht vergessen, wie man mit den Ohren wackelt, und würde es ihnen zeigen. Vielleicht auch noch anderes. In seiner Vorfreude lächelte er, und die Kleinere mit den Sommersprossen und dem runden Popo lächelte zurück.

Als die alte Frau mit den Tränensäcken und dem Truthahnhals ihnen folgen wollte, wurde er bös.

„Geh fort", sagte er und stieß sie in die Rippen. „Ich hab lieber junge Menschen um mich!"

Sie wollte lachen, doch gelang es ihr nicht. „Wenigstens", dachte sie, „werde ich nicht um ihn weinen!" Und sie drehte sich um und ging.

Eine angenehme Überraschung

Als man Methusalem in sein neues Bett brachte, lag bereits jemand drin. „Monsieur Madame!" Vor Freude stotterte er und vergaß sofort alle Sommersprossen und runden Popos. „Bin ich froh, daß du wieder da bist!"

„Ich wiederhole mich nur ungern", sagte Monsieur Madame und machte Methusalem Platz. „Aber ich war immer bei dir, im Spital auch." „Sie haben mich angebunden", beschwerte Methusalem sich, „und das hast du zugelassen?"

Lange Zeit sagte Monsieur Madame nichts. Er saß einfach auf dem Bett und war traurig. „Ich bin in vielen Welten allmächtig", gab er endlich zu. „Oder beinahe allmächtig. Aber nicht in allen!" „Wieso", fragte Methusalem, „gibt es denn mehr als nur eine?" „Du selbst lebst in einundzwanzig von ihnen", sagte Monsieur Madame, „und nach jedem Tod werden es mehr."

Methusalem verstand nicht ein Wort, was ihn aber nicht störte. Es war ein bißchen wie Weihnachten, wenn er durchs Schlüsselloch zu schauen versuchte. Auch, wenn er sie nicht sehen konnte, lagen die Geschenke unter dem Baum.

„Kennst du das Christkind?", fragte er scheinbar unvermittelt, und Monsieur Madame nickte. „Aber es kommt nicht in alle Welten", sagte er, „sondern nur in neun."

Wenn Methusalem vergaß, was er in der Schule gelernt hatte – und das meiste davon hatte er, zum

Glück, schon vergessen – war es nicht weiter schwierig. Man trennte, was man erlebte, in Stunden, Tage und Jahre. Warum nicht auch in Welten?

„Nein", sagte Monsieur Madame. „Welten sind nicht hintereinander. Welten sind gleichzeitig!"

„Jahre nicht?", fragte – weil er, wie gesagt, alles vergessen hatte – Methusalem. Monsieur Madame lachte, und es klang, als stießen alle Sterne zusammen und hätten dabei einen Heidenspaß. „Doch, Jahre auch. Aber das darf niemand wissen! Noch nicht. Das Spiel ist sonst aus." „Was für ein Spiel?" Aber Monsieur Madame gab keine Antwort.

„Tun wir noch etwas, außer spielen?" fragte Methusalem grämlich. Als Kind hatte er gekegelt und später Billard und Fußball gespielt, aber all dies kam ihm ziemlich dumm vor. Auch Tennis und Golf und Mensch-ärgere-dich-nicht.

„Alle Welten", sagte Monsieur Madame, „sind Spiele, und sie unterscheiden sich voneinander nur durch ihre Regeln. Trotzdem spielst du, spielt jeder sie gleichzeitig. Wenigstens ein paar von ihnen. Verstehst du das?" „Nein", sagte Methusalem.

Und das war gelogen, er verstand es nämlich sehr gut. „Kann man auch aufhören, zu spielen?", fragte er. „Ich glaube nicht", antwortete Monsieur Madame.

„Auch nicht, wenn man stirbt? Ich sterbe doch, wenn ich tot bin …" „Aber nein", sagte Monsieur Madame. „Wenn du tot bist, lebst du ein bißchen mehr, das ist alles. Außer natürlich, daß du dann nach anderen Regeln spielst."

Methusalem dachte nach. „Gewinnt man, wenn

man tot ist?" „Das", sagte Monsieur Madame, „ist der Irrtum der Theologie. Man gewinnt nicht, und man verliert nicht. Man spielt."

Methusalem wußte nicht, ob er sich freuen sollte. Er fühlte sich schrecklich müde. „Macht nichts!" Monsieur Madame strich mit einer Flügelspitze zart über Methusalems Gesicht. „Die Müdigkeit vergeht mit dem Tod."

Sabinettchen

Miau! machte die kleine Katze und sprang Methusalem auf die Brust. Er erschrak nicht, denn daran war er gewöhnt. „Gleich gibt es süße Milch", murmelte er und streichelte das mausgraue Seidenfell. Er hatte immer wieder lachen müssen über diese unpassende Farbe. Und tatsächlich war sie scheu und ängstlich gewesen, auch hatte sie Käse und Speck ganz besonders geliebt. „Wo bist du nur so lange gesteckt?", fragte er vorwurfsvoll. Sie putzte schon wieder voll Leidenschaft sein Gesicht. Er lächelte. Nein, vor ihm hatte sie keine Angst gehabt, nie.

„Hinter dem Spiegel", sagte sie. „Weißt du, wie schön es dort ist?" Methusalem schüttelte benommen den Kopf. Daß sie sprach, fand er nicht weiter merkwürdig. Er war nur erstaunt, daß er sie verstand. Das jedenfalls war erfreulich. Wenn sie redete, war ihre Stimme höher, viel höher, als wenn sie miaute. „Hinter welchem Spiegel?", fragte er, um das Gespräch nicht abreißen zu lassen. Sie gab keine direkte Antwort. „Wenn du willst, führ ich dich hin", sagte sie.

Methusalem wußte nicht genau, ob er das wollte. Umso weniger, als er nicht einmal wußte, um welchen Spiegel es sich dabei handelte. „Das ist Monsieur Madame", sagte er, um Zeit zu gewinnen, obwohl er ihn im Moment schon wieder nicht sah. „Und das", stellte er weiter vor, „ist meine Katze Sabinettchen." „Sehr erfreut", sagte

Monsieur Madame von Plafond herab. „Du kannst herunterkommen", sagte Methusalem. „Sie frißt keine Vögel!"

Hatte er etwas Unpassendes gesagt? Ihm kam vor, als ob beide lachten. Er hatte noch nie eine Katze lachen gehört. Einen Vogel auch nicht. Etwas zum ersten Mal zu erleben, ist stets eine Freude, darum lachte er mit.

„Wir sind alte Bekannte", erklärte Monsieur Madame und saß plötzlich wieder an Methusalems Bett. Sabinettchen sprang auf seinen Hut und knabberte begeistert an den Blumen, die sie offenbar für Katzengras hielt. Monsieur Madame schien es nichts auszumachen. „Hör zu, Sabinettchen", sagte er und wurde ganz ernst. „Ich möchte gern, daß du dableibst. Wenigstens für eine Weile. Hinterm Spiegel rennt dir die Zeit nicht davon. Aber die Leute, die hier herumliegen und darauf warten, ihn zu passieren ..." „Aber sie warten", sagte Sabinettchen traurig, „nicht darauf. Sie möchten, statt hinter ihn zu gehen, sich selbst ewig im Spiegel sehen." „Ich nicht!", widersprach Methusalem. „Denn ich hab mich gesehen und war sehr deprimiert. Glaubt ihr, daß ich hinter dem Spiegel anders ausschaue?" „Aber das ist gar keine Frage!", beteuerte Monsieur Madame. „Hinter dem Spiegel ist man so jung und so schön, wie man ist."

Methusalem verstand zwar nicht, wie so etwas möglich sein sollte, aber die Idee gefiel ihm trotzdem. „Wann gehen wir hin?", fragte er. „Sobald wie möglich", sagte Monsieur Madame. „Aber im Interesse der Allgemeinheit ..." „Welcher Allgemeinheit?" Methusalem sah sich erstaunt um und sah lauter elende alte Männer in ihren Betten liegen. Die elenden alten Frauen sah er, weil sie in der Frauenabteilung lagen, nicht. „Sie sind nicht glücklich", bemerkte Monsieur Madame überflüssigerweise. „Sie leiden." „Ich weiß", sagte Methusalem. „Was kann ich dagegen tun?" „Du nicht!", erklärte Monsieur Madame. „Aber Sabinettchen."

Methusalem dachte an die lustigen Jahre mit Sabinettchen zurück. „Sie ist meine Katze!", sagte er eifersüchtig. „Weißt du", fragte Monsieur Madame, „was die Pflanzen für uns – oder vielmehr für dich und deinesgleichen – tun?"

„Natürlich!" Das hatte er in der Schule gelernt, und an so weit zurückliegende Dinge erinnerte er sich noch immer. „Sie verwandeln irgendwas in irgendwas – so genau war die Erinnerung also doch nicht! – damit wir atmen können."

„Tiere auch", sagte Monsieur Madame. „Irgendwas in irgendwas, damit Menschen atmen können. Besonders sehr alte Menschen." „Hat es", fragte Methusalem, „mit Liebe zu tun?" „Ja", sagte Monsieur Madame.

Im Fünfeinhalbvierteltakt

Mitten in dieses gemütliche Gespräch platzte jemand herein. Eine zierliche alte Dame oder ein zierlicher alter Herr, Methusalem konnte das nicht so genau feststellen, denn das unmögliche Wesen war ungeschminkt, unfrisiert und trug lange Hosen. Unmöglich fand er es deshalb, weil es nicht schritt, wie sich das für die Würde grauen Haares geziemt, sondern tanzte. Noch dazu in einem Takt, der ihm gänzlich unbekannt war. Fünfeinhalb Viertel, so schien es ihm, und er schüttelte indigniert und abweisend den Kopf.

Zu seiner Überraschung fühlten weder Monsieur Madame, noch Sabinettchen sich durch diesen unpassenden Fünfeinhalbvierteltakt in ihrem Wohlbefinden gestört. Im Gegenteil, Sabinettchen sprang ihm auf den Rücken, den das Wesen aus Höflichkeit sofort rund machte, und Monsieur Madame streckte ihm zur Begrüßung beide Flügel entgegen. „Da bist du ja endlich", sagte er. „Ich dachte schon, diesmal kommst du zu spät!"

Das Wesen hörte zu tanzen auf, glücklicherweise, und sprach vor sich hin: „O je! O je! Komm ich zu spät?" Es zog eine Uhr aus der Westentasche, und während es darauf sah, verwandelte es sich aus einem zierlichen alten Herrn oder einer zierlichen alten Dame in ein weißes Kaninchen. Methusalem hätte schwören können, daß seine Augen eben noch blaugrau waren statt, wie jetzt, rosarot.

Das Weiße Kaninchen erinnerte ihn an etwas,

doch wußte er leider nicht mehr, an was. Ob er es vielleicht danach fragen sollte? Methusalem nahm sich ein Herz und fragte: „Gnädigste, mir ist, als hätte ich Ihnen erst kürzlich einen Besuch abgestattet – oder irre ich mich? Allerdings waren Sie nicht zu Hause." „Sie irren sich nicht", sagte eine schüchterne Stimme, er lag also mit seiner Anrede nicht falsch. „Es ist – es ist sehr schönes Wetter heute." „So?" Methusalem versuchte, aus dem Fenster zu schauen, doch kam ihm vor, draußen wäre alles ganz grau. „Dann bin ich heute erst ins Kaninchenloch gefallen? Komisch, mir kommt es schon wie eine Ewigkeit vor." „Heute ist eine Ewigkeit", versicherte ihm das Weiße Kaninchen ganz ernsthaft, und da hatte Methusalem wieder etwas zum Nachdenken.

Während er nachdachte, flüsterten Monsieur Madame und Sabinettchen miteinander, was Methusalem ungehörig vorkam. Hatten sie Geheimnisse vor ihm? Und jetzt tuschelten sie auch noch dem Weißen Kaninchen beide Ohren voll, wenn das nur kein Komplott war! Als nicht ein Wort mehr in die Ohren des Weißen Kaninchens hineinpaßte, aus dem linken hingen sogar ein paar Buchstaben heraus, nickte es und drückte mit beiden Pfoten auf die Klingel über Methusalems Bett.

Als es schon ganz müde vom Drücken war, kam eine Krankenschwester herein und blickte Methusalem giftig an. „Was ist jetzt schon wieder?", fragte sie. „Ich möchte eine Rede halten", erklärte das Weiße Kaninchen. Die Schwester tat so, als hätte sie nichts gehört, und boxte ein paarmal in Methusalems Kissen. „So, jetzt liegen Sie gleich besser", sagte sie etwas freundlicher und wendete sich schon zum Gehen. „Noch etwas?" „Ja", sagte Methusalem. „Das Weiße Kaninchen will eine Rede halten. Am besten, Sie lassen den Herrn Direktor gleich kommen. Auch die Ärzte, die Pfleger und Schwestern. Ich könnte mir vorstellen, daß dies auch den Koch interessiert, was meinen Sie?" Die Schwester schlug die Hände überm Kopf zusammen und ging. Offenbar wollte sie keine Zeit verlieren, Methusalems Befehl auszuführen.

„Ich habe meine Brille vergessen!", jammerte das Weiße Kaninchen, währende es lauter Papier aus der Westentasche zog. „Können Sie nicht frei reden?", fragte Methusalem. „Schon", antwortete das Weiße Kaninchen bekümmert. „Nur sage ich dann meistens etwas anderes, als ich sagen will." „Das verstehe ich nicht", brummte Methusalem. „Ich auch nicht", gab das Weiße Kaninchen zu und ließ die Ohren hängen. „Ich weiß nie, was ich sagen will", mischte Sabinettchen sich ins Gespräch. „Es ist viel lustiger, wenn man sich jedes Mal selbst überrascht." „Das wundert mich nicht", erklärte das Weiße Kaninchen grämlich. „Wie man weiß, fehlt es Katzen am nötigen Lebensernst und Verantwortungsgefühl."

Wie gewöhnlich, rettete Monsieur Madame auch diesmal die Situation. „Probieren Sie den!", sagte er und reichte dem Weißen Kaninchen seinen Kneifer. „Er hat null minus dreiundzwanzig Dioptrien und dürfte somit passen."

Das Weiße Kaninchen mümmelte vor Erleichterung, setzte den Kneifer auf und sagte: „Hoch verehrtes Publikum!" Methusalem schaute sich um, konnte aber nirgends ein Publikum sehen. Wahrscheinlich brauchte er auch schon dreiundzwanzig minus null Dioptrien. Er seufzte, und das Weiße Kaninchen begann mit seiner Rede.

Die Rede des Weißen Kaninchens

„Jeder hat ein Recht auf Leben. Der Mensch, die Butterblume, das Schwein. Giraffe und Amsel, Brennessel, Tintenfisch, Elefant. Und so weiter. Da meiner Meinung nach alle netter sind als der Mensch, haben sie sogar das größere Recht.

Ich weiß nicht, ob Schmetterlinge oder Tulpen an einem besonders hohen Lebensalter interessiert sind. Auch das Walroß stirbt ohne Widerrede. Nicht einmal die Sterne machen, wenn sie verglühen, ein großes Geschrei.

Lauter Vorbilder! Obwohl der Mensch nur sich selbst für vorbildlich hält und an sein Recht auf ein langes und immer längeres Leben glaubt. Auch und gerade dann, wenn es durch Verlängerung häßlich und immer häßlicher wird. Jede Birke würde uns auslachen, jede Schleiereule, jeder Mops.

Dabei bilden wir uns, wer weiß was, auf unseren Verstand ein, diesen Langweiler. Ja, wenn wir ihm erlauben würden, zu träumen! Wer seinen Verstand zufällig beim Träumen ertappt, macht eine Entdeckung, eine Erfindung oder ein Gedicht, irgendetwas Überraschendes, wofür er dann den Nobelpreis bekommt. Da es leider sehr schwer ist, den Verstand beim Träumen zu ertappen, weil er so selten schläft, gibt es viel weniger Nobelpreise als Hunde auf der Welt, und noch weniger Überraschungen als Erdbeben.

Wenn man bedenkt, daß die Phantasie seine

Zwillingsschwester ist! Natürlich hat er sie schon als Kind geboxt und verprügelt. Aber wenigstens haben sie noch, wenn es auch blaue Flecken gab, miteinander gespielt. Aber jetzt haben sie sich ganz auseinandergelebt. Gut, sie waren nicht eineiig. Aber ist das ein Grund, miteinander nicht mehr zu verkehren? Angeblich hat das Schwesterchen Phantasie, was der Bruder ihr übel nimmt, noch immer zwei Liaisonen, oder eine Liaison, mit Chaos und Tod."

„Eine", unterbrach Monsieur Madame. „Der Liebhaber hat, wie eigentlich alles, eine Doppelnatur. Oder sind Sie eindeutig das Weiße Kaninchen?"

„Nein, zweideutig", gestand das Kaninchen errötend und war wieder eine Dame, obwohl sie keinen Hut trug. „Frau Ingrisch trägt nie Hüte!", sagte Sabinettchen und rieb sich an ihrem linken Bein.

„Kann es sein, daß ich Sie kenne?", fragte Methusalem nachdenklich. „Es kommt mir nämlich so vor. Aber nicht nur als Kaninchen!"

„Natürlich kennst du sie", grinste Monsieur Madame. „Schließlich hat sie dich erschaffen!" „Dann ist sie Gott?" Methusalem zwinkerte erstaunt. „Ich wußte nicht, daß Gott keine Hüte trägt. Das haben wir im Religionsunterricht nicht gelernt."

„Warum soll Gott keine Hüte tragen?", brummte Monsieur Madame. „Erstens trage ich auch welche, und zweitens ist diese hutlose Person höchstens so indirekt wie eine Ameise Gott." „Warum hat sie mich dann erschaffen?", fragte Methusalem.

„Weil ich dich lieb habe", sagte die Kaninchenfrau. „Und wenn niemand etwas dagegen hat, werde ich jetzt in meiner Rede fortfahren."

Methusalem klatschte. Das war, fand er, das mindeste, was er für seine Erschaffung tun konnte.

Die Welt fällt aus dem Bild

Das sagte sie noch nicht. Aber sie dachte es. Schon seit einiger Zeit dachte sie es. Die Welt fällt aus dem Bild und geht davon. Geht einfach fort. Und wir starren weiter das Bild, das wir uns von ihr gemacht haben, an. Nur die Physiker, nur die Mathematiker – unsere letzten Poeten – malen neue Farben und Zeichen auf die alte Leinwand in unserem Kopf.

„Heiliger Einstein", betete sie. „Heiliger Schrödinger, Hawking und Mandelbrot ... Und Ihr anderen Heiligen, deren Namen ich, weil ich alt werde, vergesse. Sagt mir, was ich sagen will, ein! Denn ohne Euch ist mein Kopf klein, und meine Stimme ist leise."

Nach diesem Gebet zerriß sie ihr Manuskript, gab Monsieur Madame seinen goldgeränderten Kneifer zurück und räusperte sich:

„Die Ärzte haben den hippokratischen Eid auf das Leben geschworen, weshalb sie glauben, es unter allen Umständen retten zu müssen. Dabei ist es gar nicht nötig, das Leben zu retten. Es geht sowieso nie verloren. Da es sich aber fortwährend verwandelt, erkennen wir es nicht wieder. Das Leben, das wir nicht wiedererkennen, nennen wir Tod.

Das bekannte, persönliche Leben, das uns allein interessiert, ist ein verderbliches Gut. Doch läßt Verderbliches sich konservieren! Der konservierte Mensch ist zwar nicht wirklich lebendig, aber auch nicht wirklich tot. Sondern er ist ein Erfolg, ein Triumph der Medizin. Sie ist sehr stolz darauf, uns – wenn schon nicht ewig – so doch bis zur totalen Auflösung am Sterben zu hindern.

Also angenehm ist das nicht! Auch nicht gescheit. Nichts behält seine Gestalt, nicht einmal Gott. Nach seinem Bild sollen wir, statt zu erstarren, uns wandeln. Aber wie die Priester der Wandlung Gottes, stellen die Ärzte sich der Wandlung des Menschen in den Weg. Ja, bitte?" Die Kaninchenfrau hielt eine Hand an ihr Ohr. „Ich glaube, Herr Mandelbrot will etwas! Entschuldigen Sie einen Moment ..."

Diskret stupste Monsieur Madame den schlafenden Methusalem. „Sie spricht von dir", sagte er. „Schon aus Höflichkeit solltest du zuhören." Sabinettchen, das eingerollt auf Methusalems Bauch lag, weckte er nicht. Katzen müssen, da sie sowieso alles wissen, nichts lernen.

„Der heilige Mandelbrot", fuhr die Kaninchenfrau fort, „läßt Ihnen sagen, nicht das Chaos, sondern die Ordnung wäre Tod und Verfall. Ärzte, die an der Wiederherstellung verfallender Ordnungen arbeiten, sind Arbeiter des Todes."

Nach und nach waren sie alle gekommen. Der Herr Direktor, die Doktoren, Schwestern und Pfleger. „Um Himmels willen!", sagte der Herr Direktor. „Um Himmels willen!", sagten die Doktoren, Schwestern und Pfleger im Chor und schüttelten ihre Köpfe.

„Der Himmel will es, glaube ich, nicht", sagte Sabinettchen. Sie rieb sich die Augen und gähnte.

„Warum soll ein Mensch sich selbst überleben? Das ist kein Vergnügen! Ich selbst hingegen bin seit meinem pünktlichen Tod vor neunundzwanzig Jahren schon ein Goldfisch gewesen, ein Marienkäfer und eine verarmte Prinzessin im Büro. Und es hat mir Spaß gemacht. Wenn man weiß, daß man nichts bleibt, ist man alles viel lieber. Besser, als den Tod zu verstecken, wäre es, auf ihn neugierig zu machen! Das geht aber nur, wenn Sie selbst auf ihn neugierig sind. Und er ist wirklich ein blaues Wunder!"

„Ich bin nicht neugierig, sondern gebildet", sagte der Herr Direktor. „Doch erklären Sie mir, Fräulein Katze, wie Sie überhaupt in unser erstklassig geführtes und keineswegs billiges Altersheim kamen? Normalerweise nehmen wir Tiere nicht auf. Sie erwähnten allerdings, Sie wären Prinzessin in einem Büro?"

„Schon", gab Sabinettchen zu. „Aber ich habe mich extra aus dem Fenster gestürzt. Alle haben geglaubt, aus unglücklicher Liebe zum Juniorchef. Dabei ist unsere Liebesgeschichte ausnehmend glücklich gewesen. Nur wegen gewisser Steuerhinterziehungen ging er mit der Buchhalterin eine Vernunftehe ein. Ich selbst riet ihm dazu. Nein, ich nahm wieder meine Katzengestalt an, weil ..."

„Sie nahmen gar nichts an", unterbrach ein Doktor sie unwirsch, und alle anderen nickten dazu mit dem Kopf. „Eine tote Gestalt kann man nicht annehmen." „Man kann jede Gestalt annehmen", sagte Monsieur Madame. Aber natürlich konnten ihn die Doktoren nicht hören.

„Weil?", fragte der Herr Direktor abfällig. „Warum kehrten Sie in Ihren Katzenzustand zurück?"

„Um das zu erklären", sagte Sabinettchen, „muß ich leider eine Rede halten. Aber erstens ist Frau Ingrisch mit ihrer noch gar nicht fertig, und zweitens sind zwei Reden an einem Tag vielleicht doch zu viel."

„Auf jeden Fall!", bestätigte der Direktor. „Schon eine einzige Rede ist eine Zumutung. Andererseits wäre es nicht uninteressant, zu prüfen, wie weit eine Katze die deutsche Grammatik beherrscht. Wenn Sie also versprechen, sich so kurz wie möglich zu fassen …"

„In diesem Fall", sagte Sabinettchen, „hätte ich gern ein Glas Wasser oder, noch lieber, Milch."

Der Direktor ging in die Küche und holte es, zu seiner eigenen Verwunderung, selbst.

Die Botschaft der Tiere

„Ich komme", sprach Sabinettchen, „im Auftrag aller Haus- und auch einiger wilder Tiere zu Ihnen, weil die Menschen immer älter und einsamer werden. Und so sitzen sie allein in ihren Wohnungen und warten, ohne sich auf ihn zu freuen, auf den Tod. Die Wartezeit verkürzen sie sich durch Besuche beim Arzt. Ärzte sind amtlich zum Zuhören verpflichtet. Auch bringen sie durch das Ausstellen von Rezepten eine gewisse Abwechslung ins eintönige Leben.

Sobald alte Leute nicht mehr imstande sind, allein in ihren Wohnungen zu sitzen, kommen sie in Heime, wo sie manchmal auch liegen. Weder das eine, noch das andere ist ein Genuß. Ganz im Gegenteil, und so werden sie, sitzend und liegend, immer trauriger.

Wir, die Tiere, möchten sie fröhlich machen! Und wenn man uns nur erlaubt, sie zu besuchen, schaffen wir es auch. Denn wir sind viel komischer als die meisten Ärzte! Wir sind auch besser als alle Medizinen, die sie verschreiben, und billiger noch dazu. Im Nu senken wir jeden Blutdruck oder Cholesterinspiegel, und das Putzen verstaubter Gemüter ist unsere Spezialität.

Alte Leute lachen nicht genug, und meistens lachen sie gar nicht. Es ist aber sehr ungesund, nicht zu lachen! In unserer Gesellschaft kann ihnen das nicht passieren. Wir sind lustig, liebreich und zärtlich. Wir würden ihnen so viel Freude machen, wie gerade noch in ihren Herzen Platz hat. Und wenn es mehr Freude wird, was häufig passiert, kann man ja Vorräte anlegen. Freude wird nicht schlecht, und sogar nach Jahren kann man sie noch genießen.

Am liebsten kämen wir nicht nur auf Besuch zu den Alten, sondern für immer. Und natürlich wissen wir, daß Immer ein Maß der Liebe ist und nicht der Zeit.

Aber schläfern Sie das Aspirin ein oder die Spritze, wenn ein Patient stirbt? Wir, die Tiere, sind auch Medizin. Sie haben es nur noch nicht erkannt. Gibt es wirklich keinen Platz für uns, wo man uns auf unsere nächste Aufgabe zu warten erlaubt? Und uns ein bißchen füttert, ein bißchen tränkt, ein bißchen streichelt.

Ich bin nur aus Liebe zu den Menschen eine Katze geworden. Für das nächste Mal schwanke ich noch zwischen Sternschnuppe und Telefon.

Als Telefon kann einem nie langweilig werden, außer, wenn man nicht läutet. Und man erfährt die tollsten Geheimnisse. Sie glauben vielleicht, ein Telefon hat keine Seele? Aber da irren Sie sich! Es gibt nämlich nur Seelen, und sie können als Schildkröte erscheinen, als Luftballon oder Linkswalzer. Als Rechtswalzer natürlich auch. Der Phantasie einer Seele sind keine Grenzen gesetzt!

Also dürfen wir kommen? Die Haus- und auch einige wilde Tiere? Werden Sie uns auf Rezepten verschreiben? Ich meine, bevor wir ein Backrohr werden, ein Engel oder ein Computerprogramm."

„Ich weiß nicht", sagte der Direktor, und die

Doktoren sagten es auch. „Es ist ein bißchen ungewöhnlich, oder nicht?"

„Nur am Anfang", sagte Sabinettchen. „Später werden Sie nicht wissen, wie Sie je ohne uns auskamen!"

Danach trank es seine Milch, putzte sich und verschwand, wie Gespenster verschwinden, in der Luft.

Bevor ich gehe

„Man soll die Welt immer ein bißchen schöner verlassen, als man sie angetroffen hat", sagte Frau Ingrisch und war abwechselnd ein weißes Kaninchen und keins. „Dreiunddreißigstes Entropiegesetz zur Begründung der Amordynamik. Kurz und gut, ich muß mich beeilen."

Sie zog die Uhr aus der Westentasche und warf einen bekümmerten Blick auf die Zeiger. „O je", murmelte sie. „O je!"

„Ich weiß nicht, was Sie noch vorhaben, Gnädigste", sagte der Direktor nervös. „Aber ich habe demnächst einen Termin."

„Ich auch", seufzte die Kaninchenfrau. „Das ist das Malheur! Obwohl es in Wirklichkeit keines ist, und genau das will ich erklären. Der Tod ist eine Wandlung. Jede Wandlung ist ein Abenteuer, das uns uns selber entfremdet. Dabei bleibt man nur, indem man sich wandelt, man selbst. Ein Paradoxon wie alles auf dieser Welt, besonders der Mensch. Wir müssen uns daran gewöhnen, verzaubert zu sein."

„Wie bitte?", fragten der Herr Direktor, die Doktoren, Schwestern und Pfleger und zogen ihre schwarzen, braunen und blonden Augenbrauen hoch.

„Vom Embryo bis zum Leichnam!", sagte die Kaninchenfrau. „Verzaubert von der Zeit. Oder, wenn man keinen Spaß daran hat, verhext. Doch könnte jeder, der ihn durchschaut, Spaß haben am Zauber."

„Was für ein Zauber?", fragte Methusalem, als er für genau eine Minute erwachte. „Mein Bruder, Willi konnte, bevor er starb, Frösche aus dem Décolleté einer Dame zaubern. Es war wirklich sehr eindrucksvoll."

„Das kann er noch immer!", versicherte die Kaninchenfrau. „Wenn er tot ist, kann er sogar mehr. Einen ganzen Heuwagen oder die Milchstraße ..." Da Methusalem schnarchte, verfolgte sie diesen Gedanken nicht weiter.

„Spaß?" Nicht nur der Direktor griff sich an den Kopf, alle anderen auch. Die Schwestern und Pfleger hatten sogar noch mehr Grund dazu. „Es ist nicht besonders lustig, als Greis in den Windeln zu liegen. Ohne Haare, ohne Zähne, ohne Verstand."

Sie dachte an die tragische Komik des Alters. Babies, natürlich, sind auch komisch und womöglich noch tragischer, obwohl wir das nicht so empfinden. Warum eigentlich nicht?

„Weil", sagte Monsieur Madame, der bekanntlich Gedanken lesen kann, „jeder Anfang als Hoffnung und jedes Ende als Verzweiflung erlebt wird. Mütter liefen sonst, statt dem Baby die Brust zu geben, laut schreiend vor ihm davon."

„Hoffentlich", sagte sie, „haben Greise auch Mütter! Nagelneue Mütter, meine ich, und nicht ihre alten. Vielleicht kommen sie gerade auf die Welt, wenn auch nicht auf dieselbe. Obwohl andererseits alle Welten nur eine einzige sind und es weder ein Ende gibt, noch einen Anfang. Schauen Sie mich an!"

Er tat es und zuckte mitleidig die Achseln.

„Tut mir leid", murmelte sie errötend, „daß Sie mich in ausgerechnet dieser Verzauberung sehen. Und natürlich werden Sie mir nicht glauben, daß ich noch immer acht bin und siebzehn und neunzig, was ich nie sein werde. Trotzdem! Man ist immer alles, und alles zugleich."

„Aber Schnurspringen können Sie nicht mehr?", fragte der Direktor. „Ich weiß nicht." Sie ließ den Kopf hängen. „Ich hab es schon so lang nicht mehr probiert." Er nickte. „Wir können die Alten nicht umbringen. Also erhalten wir sie am Leben, solange es geht."

„Nein!", sagte die Kaninchenfrau, wobei ihre weißen Löffel vor Empörung durch den Plafond wuchsen. „Bitte nicht! Da ich meine Rede bald beenden möchte, und Sie alle möchten das ganz bestimmt auch, werde ich den Zweifel aus ihr streichen. Ist es nicht ein Jammer, daß das Gegenteil jeder Wahrheit ebenfalls stimmt? Man muß sich also entscheiden, und ich entscheide mich für den Tod."

„Das können Sie für Ihren eigenen, Gnädigste, und nicht einmal das! Wir werden Sie gnadenlos retten." Aber er lächelte. Da wußte sie, daß auch er zweifelte, und das war gut. Denn nicht aus der Gewißheit wächst, sondern aus dem Zweifel die Buntheit der Welt.

Sie hätte ihm, aus purer Dankbarkeit, gern etwas geschenkt. Keine Brieftasche, und auch keine Krawatte. „Was nach unserem Tod geboren wird", sagte sie, „das ist die Seele."

Überrascht war er nicht. „Kommt mir bekannt vor." „Paracelsus", sagte sie. „Fünfzehnhundertsowieso und dreitausend. Er war nie im Kalender verzaubert."

„Nach unserem Tod? Er wäre also die Zeugung…"

Die Entmannung des Todes

Während sie dies dachte, wünschte sie sich zum ersten Mal einen Hut auf den Kopf, obwohl sie nicht sicher war, daß er einem Kaninchen mehr Nachdruck verleiht.

„Solang Sie ihn nicht entmannen", sagte sie. „Ein entmannter Tod kann nicht mehr zeugen. Darum bitte ich Sie, ihn endlich in Ruhe zu lassen. Es muß wieder erlaubt sein, zu sterben!"

„Und wenn niemand von dieser Erlaubnis Gebrauch machen will?" „Über die Lust des Lebens wird auch aufgeklärt, sogar in der Schule." „Sexualität?" Sie nickte. „Warum nicht über die Lust des Sterbens? Und ihre Präludien Krankheit und Alter. Der Tod müßte ein Lehrfach sein! Wie Mathematik und Englisch. Die Leute sind völlig unvorbereitet auf ihn."

„Ich weiß nicht", und der Direktor biß sich auf die Lippen, „was der Unterrichtsminister davon hält?" „Ich schon!" Sie seufzte. „Denn ich hab ihn gefragt."

Monsieur Madame biß sich nicht auf die Lippen. Er lachte.

„Der Leib ist ein Schlüssel, der seine Zacken verändert", sagte die Kaninchenfrau. „In jedem Alter sperrt er andere Türen zu anderen Wirklichkeiten auf, denn es gibt viele. Natürlich sind nicht alle gleich angenehm."

„Nein", sagte der Direktor. „Manche sind so schrecklich, daß wir versuchen, sie mit Pulvern von

129

der Landkarte der Seele zu tilgen. Und das finden Sie falsch?"

„Ich weiß nicht", sagte sie, „was ich finde. Denn ich suche noch immer. Zum Glück gibt es die Engel." „Zum Glück", fragte der Direktor, „gibt es was?"

„Michael, Odin, Hermes, Kübler-Ross." Monsieur Madame hörte zu lachen auf und warf ihr einen giftigen Blick zu. „Und Monsieur Madame", sagte sie. „Reiseführer ins Jenseits. Das sind früher auch die Ärzte gewesen." „Früher!", sagte der Direktor. „Sie könnten es noch immer sein, wenn sie den Leib wieder als Erscheinung der Seele erkennen. Eine von vielen. Schließlich hat sie das Recht, ihre Erscheinung zu wechseln, oder? Sie ist halt ein Komödiant."

„Ich bin doch", sagte er, „kein Theaterdirektor!" „Was sonst?", fragte sie. „Obwohl man an Ihrem Haus nur den letzten Akt spielt. Die Komödianten haben keinen Text mehr."

„Wie führt man ein Theater des letzten Akts?" Verwirrt trank er Sabinettchens Milch aus. „Auf meiner Bühne verwesen lebendige Leiber. Ich glaube, es ist das traurigste Theater der Welt."

„Nein!" Die Kaninchenfrau schüttelte den Kopf, daß sie vorübergehend beide Löffel verlor. „Der Leib weiß manchmal nicht, daß er eine Seele ist. Er ist eben vergeßlich. Aber dann müssen Sie ihn daran erinnern! Werden Sie das tun, versprechen Sie es?"

„Ich verspreche gar nichts", log der Direktor und merkte entsetzt, daß ihm bereits Flügel wuchsen.

In Panik versuchte er, sie von seinen Schultern zu kratzen. Zu spät!

Die Doktoren, Schwestern und Pfleger fielen bei diesem Anblick in eine gnädige Ohnmacht. „Ich hab nicht gewußt", sagte Methusalem, „daß du einen Bruder hast?" „Ich auch nicht", sagte Monsieur Madame, nahm seinen verrückten Hut ab und setzte ihn dem Direktor auf.

Er paßte!

Zwei Flügel

„Danke", sagte Monsieur Madame, als sie wieder allein waren. Denn nach dem Abgang der Kaninchenfrau löste sich auch der Direktor langsam auf, und mit ihm die Ärzte, die Schwestern, die Pfleger. Sogar die trübselig vor sich hinröchelnden alten Männer ringsum in ihren Betten versanken im Nebel.

Methusalem blinzelte. „Danke wofür?", fragte er. „Es ist sehr nett von dir, daß du mich nicht kastrierst", sagte Monsieur Madame. „Ohne mein Geschlecht übertreiben zu wollen ..." „Ich dachte", wendete Methusalem ein, „du hast zwei?" „Meine Geschlechter", korrigierte sich Monsieur Madame, „tatsächlich brauche ich beide. Auch, wenn du das für einen Luxus hältst." „Also ich weiß nicht", sinnierte Methusalem. „Mit der Zeit wurde mir sogar eines zu viel. Aber wenn du dich schon bedankst, dann nicht bei mir sondern der Kaninchenfrau." „Da sehe ich", sagte Monsieur Madame, „keinen Unterschied."

Doch Methusalem, ein lebenslänglicher Freund der Gerechtigkeit, widersprach. „Eindeutig war es die Kaninchenfrau, die gegen die Entmannung des Todes ..." Hier blieb er stecken und starrte Monsieur Madame verschreckt an. „Oder seine Entweibung", half dieser freundlich aus. „Auch das ist, mehr oder weniger, dasselbe." Methusalem fing an, zu zittern. Ein Glück, daß seine Zähne sich, statt im Mund, gerade auf dem Nachttischchen befan-

133

den. Ihr Klappern hätte sonst das ganze Haus auf-
geweckt, und den Mond, der vor dem Fenster
träumte, dazu.

Methusalem zitterte fünf Minuten lang. Dann
zeigte er anklagend mit dem Finger auf Monsieur
Madame. „Du bist", flüsterte er, „kein Mensch!"
„Natürlich nicht", gab Monsieur Madame zu. „Das
sieht doch ein Blinder." „Auch kein Rabe! Du hast
mich mit deinem albernen Blumenhut nur
getäuscht!" Monsieur Madame zuckte die Achseln.
„Der Direktor trägt ihn jetzt", sagte er. „Hältst du
ihn für einen Raben?" „Ich weiß nicht, wen ich für
was halten soll", greinte Methusalem, „und was
für wen. Ich weiß überhaupt nichts mehr!"
„Dazu", sagte Monsieur Madame, „kann ich dir
gratulieren. Weil Gott nur auf leere Tafeln
schreibt, eine Marotte von ihm."

„Ich will nicht wissen, wer du bist", sagte
Methusalem nach einer angemessenen Pause.
„Aber sag es mir trotzdem!" Monsieur Madame
zog überraschend eine Puderdose aus seinem
Gefieder und puderte sich nachdenklich den
Schnabel. „Ich habe unendlich viele Namen",
sagte er, „und nur einer von ihnen ist TOD. Aber
wenn du willst, kannst du mich mit ihm rufen.
Willst du?"

„Was passiert", fragte Methusalem, „wenn ich
rufe?" „Probier es aus", schlug Monsieur Madame
vor. „Und wenn es mir nicht gefällt?" „Man kann
das Leben abtreiben." Monsieur Madame seufzte.
„Den Tod manchmal auch. Obwohl man beides
nicht sollte. Das Gleichgewicht von Leben und

Tod stellt sich, wenn man nicht eingreift, ganz von selbst her."

„Gleichgewicht?" So hatte Methusalem es noch nicht betrachtet. „Oder die Symmetrie", sagte Monsieur Madame. „Links bist du dies- und rechts jenseitig." Methusalem erschrak. „Meinst du, ich bin nur zur Hälfte am Leben? Einbeinig, einäugig?" „Gewissermaßen", nickte Monsieur Madame. „Aber mach dir nichts draus. Sogar ich! Über- und unterirdisch zugleich. Ich meine, falls man überhaupt unterscheidet. Man muß nämlich nicht. Von Natur aus ist alles ganz. Du mußt nur aufhören, Leben und Tod voneinander zu trennen. Verstehst du?"

„Nein", sagte Methusalem verdrießlich. Denn das Gespräch strengte ihn an. Auch hatte er Halbheiten nie leiden können. Und jetzt sollte er selbst eine sein – oder zwei? Nein, an so etwas wollte er lieber nicht denken. „Weißt du keinen Witz?", fragte er hoffnungsvoll. Monsieur Madame zuckte die Achseln. „Das Universum", sagte er kurz. „Wieso hast du, als wärst du ein Federvieh, Flügel?", nörgelte Methusalem. „Von einem geflügelten Tod hab ich noch nie gehört. Wahrscheinlich gibst du nur an!"

Statt einer Antwort bewegte Monsieur Madame beide. Sie rauschten. Ein Flügel war der Raum und einer die Zeit. Als er sie zusammenschlug, erlosch die Welt.

„Hilfe!", rief Methusalem, so laut er nur konnte. „Hilfe!" Doch konnte er sich nicht mehr hören. Sehen auch nicht. Und spüren ...

135

Zum Glück vergaß er, bevor er ein drittes Mal um Hilfe rufen konnte, sich selbst.

Das Weiße Kaninchen

Das Weiße Kaninchen zog seine Uhr aus der linken Westentasche und knabberte sie, als wäre sie ein Kohlkopf, auf. Als nichts mehr, nicht einmal der große Zeiger, von ihr übrig war, zog es aus der rechten Westentasche eine Trompete und blies dreimal hinein.

Da ging die untergegangene Welt wieder auf. Doch war sie, wie Methusalem feststellte, nicht ganz dieselbe. Sondern sie kam ihm verkehrt vor wie im Spiegel. Oder war sie nur vorher im Spiegel erschienen?

„O je!", sagte Methusalem. „Wie wunderlich ist heute alles! Und gestern gingen die Dinge noch ihren gewohnten Gang. Ob ich mich während der Nacht auch verändert habe? Ich glaube fast, ich fühle mich etwas anders. Bin ich aber nicht derselbe, dann ist die nächste Frage: Wer kann ich wohl sein? Ja, ja das ist ein großes Rätsel. Können nicht Sie es für mich lösen?"

Das Weiße Kaninchen fuhr heftig zusammen und ließ die Trompete fallen. „Es ist – es ist sehr schönes Wetter heute!", sagte es mit schüchterner Stimme und guckte Methusalem ängstlich ins Gesicht. „Sehr!", sagte Methusalem, während sie Seite an Seite gingen. „Es ist immer besser, den Weg zum wunderbaren Garten bei schönem Wetter zu suchen. Zuerst muß ich aber schauen, daß ich meine richtige Größe bekomme!" „Das Angenehme hier ist, daß es keine falschen Größen mehr gibt. Genau genommen, gibt es überhaupt keine, aber man merkt es nicht gleich."

Was meinte das Weiße Kaninchen damit? Verstohlen blickte Methusalem es an und wünschte gleich darauf, das hätte er nur nicht getan! Gerade noch im letzten Moment konnte er den Schrei auffangen, der ihm wie ein Frosch aus dem Mund sprang. Verlegen wollte er ihn in den Ärmel seines Nachthemdes stopfen, als er zu seiner Überraschung bemerkte, daß er gar keines trug.

Methusalem verbarg sein Gesicht in den Händen und fragte sich im stillen: „Ob ich überhaupt noch einmal erlebe, daß alles mit rechten Dingen zugeht?" Denn beide, das Kaninchen und er, hatten ihre feste Form verloren wie eine Brieftasche, ohne die man auch nicht weiterkommt, und wie würde es ihm, wenn er fortwährend auseinanderlief, bloß ergehen? Sie wallten wie Suppe im Kochtopf, das Kaninchen und er, oder wie Novembernebel, es war wirklich sehr unangenehm.

Da sich ihm alles im Kopf dreht, hielt er sich abwechselnd an einer Butterblume und der silbernen Mondsichel fest. Einmal auch an einem Pilz, ungefähr so hoch wie er selber. Es war ein Pilz, den er bestimmt niemals gegessen hatte. Neugierig reckte er sich auf den Zehenspitzen hoch und lugte über seinen Rand, und da schauten seine Augen geradewegs in diejenigen einer großen blauen Raupe, die mit gekreuzten Armen da oben saß, ganz ruhig eine lange Wasserpfeife rauchte und ihrer Umgebung, das Weiße Kaninchen und Methusalem eingeschlossen, nicht die geringste

Beachtung schenkte. Ob das nicht sehr unhöflich war?

Eine Zeitlang blickten die Raupe und Methusalem einander schweigend an; endlich nahm die Raupe ihre Wasserpfeife aus dem Mund und sprach mit matter, schläfriger Stimme: „Wer bist denn du?"

Das war keine ermutigende Eröffnung eines Gesprächs. Auch war die Frage nicht leicht. „Augenblicklich weiß ich es selbst nicht genau", erwiderte Methusalem. „Das heißt, ich weiß wohl, wer ich heute morgen war, aber wenn nicht alles trügt, bin ich seitdem mehrmals verwandelt worden."

„Was willst du damit sagen?", fragte die Raupe streng. „Drück dich doch klar aus!"

Methusalem seufzte. „Ich fürchte, ich kann mich selbst nicht klar ausdrücken", sagte er, „weil ich nicht ich selbst bin, Sie verstehen!"

„Ich verstehe nicht", sagte die Raupe.

„Ich kann es wirklich nicht klarer sagen", erwiderte Methusalem sehr höflich, „denn erstens versteh ich es selber nicht, (was leider stimmte) und außerdem ist es sehr verwirrend, wenn man im Laufe eines Tages so oft die Größe wechselt."

„Es ist nicht verwirrend", sagte die Raupe.

„Nun, vielleicht haben Sie das noch nicht so empfunden", sagte Methusalem steif, „aber wenn Sie sich in eine Puppe verwandeln müssen – und eines Tages müssen Sie das ja – und dann später in einen Schmetterling, nun ich glaube, das wird Ihnen auch ein wenig komisch vorkommen, meinen Sie nicht?"

„Nicht im geringsten", sagte die Raupe.

Methusalem zupfte das Weiße Kaninchen verzagt an einem seiner Löffel, was insofern schwierig war, als auch sie sich fortwährend verwandelten. „Komm", sagte er, gereizt durch die reichlich knappen Bemerkungen der Raupe. „Wir suchen den Garten. Ich will nur hoffen, daß wenigstens er noch derselbe ist. Ich jedenfalls bin eine andere Person. Fast wünschte ich, ich wäre nicht in die Kaninchenhöhle gekrochen – und doch – und doch – spannend und merkwürdig ist dies Leben auf alle Fälle! Ich möchte zu gerne wissen, was eigentlich mit mir vor sich gegangen ist! Obwohl ich es andererseits nicht wissen möchte. Wenn ich Märchen las, hab ich immer gedacht, solche Dinge gäbe es in Wirklichkeit nicht, und nun bin ich hier mitten in einem Märchen! Es müßte eigentlich ein Buch über mich geschrieben werden, ganz gewiß."

„Das tue ich ja gerade", sagte das Weiße Kaninchen, klapperte auf einer schwarzen Schreibmaschine und war wieder Frau Ingrisch. Seit sie nicht mehr wallte und brodelte, sah sie, wie Methusalem feststellte, ziemlich langweilig aus. Noch dazu ohne Fell! Monsieur Madame hatte immerhin Federn. Aber wo war er nur? Es kam Methusalem vor, als hätte er ihn seit dem letzten Weltuntergang nicht mehr gesehen.

„Was haben Sie mit ihm gemacht?", fragte er argwöhnisch. „Bestimmt stecken, wie bei der ganzen Geschichte, Sie dahinter!" Frau Ingrisch wurde ganz klein und versteckte sich schuldbewußt hinter der Schreibmaschine. „Ich bitte um Entschuldigung", sagte sie. „Monsieur Madame befindet sich, wie auch Sie und möglicherweise sogar ich selbst in meinem Kopf. Ob aber mein Kopf ein auf den offiziellen Landkarten verzeichneter Ort ist oder nicht, kann ich Ihnen wirklich nicht sagen. Vielleicht finden ja Sie es eines Tages heraus, und dann wäre es sehr nett, wenn Sie mir das Ergebnis auf einer Postkarte mitteilen würden."

Doch Methusalem hörte ihr längst nicht mehr zu. Denn an einem Baum hatte er eine Tür bemerkt, die geradewegs hineinzuführen schien. Das ist sehr seltsam, dachte er. Aber heute ist alles seltsam. Ich denke, ich gehe sofort hinein.

Im nächsten Augenblick sperrte er die Tür zum Zaubergarten mit dem goldenen Schlüssel auf. Er hatte ihn, ohne es zu bemerken, schon während der ganzen Zeit seiner Hand gehalten.

Lieber Gott, was für ein Garten! Er hatte keinen Anfang und auch kein Ende, sondern nur eine Mitte, und die war überall. Mitten in dieser Mitte, die überall war, saß Monsieur Madame auf einer Wolke aus Sternen und leuchtete noch viel heller als sie. Und rundherum blühten die Jahrtausende wie lauter Blumen, und der Wind hatte nicht einen einzigen Samen, kein Blatt und keine Blüte verweht.

Methusalem versuchte, die sonderbaren Blumen zu zählen. Aber nach der dreizehnten Billion hörte er auf. Schließlich war er nie sehr gut in Mathematik gewesen, ja er war sogar, um der Wahrheit die Ehre zu geben, dreimal in diesem interessanten Fach sitzen geblieben.

„Na also", sagte Monsieur Madame und schüttelte sich vor Lachen. „Da bist du endlich! Ich meine natürlich, unendlich …" Er schüttelte sich schon wieder, und lauter Welten sprühten wie funkelnde Tautropfen aus seinem Gefieder. Aus purer Ehrfurcht versuchte Methusalem, Monsieur Madames Krallen zu küssen, doch konnte er sie unter den vielen Sternen nicht finden. „Ich hab nicht gewußt, daß du etwas Besonderes bist", stammelte er. „Und natürlich werde ich jetzt Sie zu dir sagen."

„Ich bin nichts Besonderes", grinste Monsieur Madame. „So wenig wie du! Weil es nämlich überhaupt nichts Besonderes gibt. Alles, was ist, ist. Und damit basta!"

„Im Religionsunterricht", sagte Methusalem, „hab ich etwas Anderes gelernt. In der Politik auch." „Vergiß den Religionsunterricht", sagte Monsieur Madame, „und die Politik. Geh lieber im Garten spazieren! Was war und sein wird, blüht. Es ist ein lebendiger Garten. Du kannst sogar, weil er eine Seele hat, mit ihm reden."

Methusalem wurde, abermals vor Ehrfurcht, bewußtlos. Als er wieder zu sich selbst oder wem immer kam, sagte er: „Ich bin sehr alt und sehr häßlich geworden. Ich möchte diesem Garten lieber nicht unter die Augen treten. Ich passe da nicht hinein."

„Da ich zufällig keinen Spiegel bei mir habe", sagte Monsieur Madame, „und du auch nicht, wird es das Beste sein, du schaust mir in die Augen."

Methusalem tat es. Der Glanz blendete ihn. Er konnte, was er sah, auf keinen Fall glauben. Gewiß, er war sogar in seinen schlechten Jahren hübscher als eine Assel gewesen. Doch makelloser als die Sonne, eine Rose und Sabinettchens Schnurrbart zusammen?

Monsieur Madame machte sich über ihn lustig, was Methusalem traurig fand. „Ich kann ja gehen", sagte er verschnupft.

„Wohin?", fragte Monsieur Madame. „Nach Hause", erklärte Methusalem, obwohl er nicht wußte, wo das eigentlich war. „Du bist schon zu Haus", sagte Monsieur Madame.

„Aber bin das wirklich ich?", fragte Methusalem. „Weil ich früher ganz anders aussah." „Da warst du auch verzaubert", sagte Monsieur Madame. „Jetzt bist du wieder du selbst."

„Ich hab nicht gewußt", sagte Methusalem, „daß Sterben so schön macht!"

Blättern Sie bitte um?

Das Donnerstagehaus

Monsieur Madame läßt grüßen! Er bat mich, Ihnen etwas zu sagen.

An der Grenze vom Wald- bis zum Weinviertel steht ein tausendjähriges Haus, das früher ein Kloster war, eine Festung, ein Pfarrhof und eine Schule. Monsieur Madame meint, es sollte wieder eine Schule sein. Eine Schule des Todes. Denn zu sterben, müßten wir rechtzeitig lernen wie das Einmaleins und das ABC. Dann fällt uns das Leben viel leichter, und der Tod auch. vor allem, wenn wir entdecken, daß es ihn gar nicht gibt!

Es gibt nur das Leben, und es hat viele Namen, viele Zustände, viele Länder, die uns unbekannt sind. Doch auf der Reise wird die Fremde zur Heimat. Niemand geht nirgends verloren!

Wo das alte Haus steht, war einst die Grenze zwischen Land und Meer. Ich möchte es, und zwar ohne Kalender, das Donnerstagehaus nennen. Wer „das Donnerstage-buch" kennt, weiß warum.

Auch das Donnerstagehaus steht in der Grenze, zwei mächtige Reiche des Bewußtseins miteinander verbindend: das Dies- und das Jenseits. Die Zeit des Schmerzes, in der beide voneinander getrennt waren, geht zu Ende.

Doch müssen wir zuerst die Grenze in uns selbst öffnen! Vielleicht im Donnerstagehaus, und vielleicht miteinander. Denn ich möchte Ihnen, so gut ich es kann, dabei helfen. Ich glaube, daß ich nur darum auf die Welt kam.

Angst, Trauer oder die Leidenschaft der Erkenntnis – drei Gründe das Donnerstagehaus zu besuchen.

Lotte Ingrisch, 1010 Wien, Michaelerplatz, Hofburg